宁夏警官职业学院校本实训教材

常用应用文写作
实务技能训练

CHANGYONG YINGYONGWEN XIEZUO
SHIWU JINENG XUNLIAN

主　编◎李春艳
副主编◎江海燕
撰稿人◎李春艳　袁武卫　王伟慧
　　　　艾　英　郭　芳　许黎黎
　　　　江海燕

中国政法大学出版社

2018·北京

图书在版编目（ＣＩＰ）数据

常用应用文写作实务技能训练/李春艳主编. —北京：中国政法大学出版社，2018.12
（2024.1重印）

ISBN 978-7-5620-8652-9

Ⅰ.①常… Ⅱ.①李… Ⅲ.①汉语－应用文－写作－教材 Ⅳ.①H152.3

中国版本图书馆CIP数据核字(2018)第248809号

书　　名	常用应用文写作实务技能训练
出 版 者	中国政法大学出版社
地　　址	北京市海淀区西土城路 25 号
邮　　箱	fadapress@163.com
网　　址	http://www.cuplpress.com (网络实名：中国政法大学出版社)
电　　话	010-58908435(第一编辑部) 58908334(邮购部)
承　　印	固安华明印业有限公司
开　　本	720mm×960mm　1/16
印　　张	16
字　　数	287 千字
版　　次	2018 年 12 月第 1 版
印　　次	2024 年 1 月第 2 次印刷
印　　数	5001～8000 册
定　　价	45.00 元

编写说明

近年来，随着现代社会科技、经济、文化的迅速发展，信息交流和传递也随之快捷、规范、丰富多样，应用文写作开始渗透到现代社会的各个层面。应用文写作能力已经成为现代人才必备的技能之一，写好应用文是现代社会衡量一个人的综合素质的重要标准之一。为此，如何有效地对职业院校学生进行应用文写作技能培养，以提高学生的就业能力就成为职业院校探索的重要课题。

应用文写作是高职院校的一门公共基础课，目的是培养高职院校学生适应用人单位和社会需要的应用文写作能力。为了适应社会发展，紧跟职业教育的需要，培养学生的写作思维，增强实践应用能力，提高应用文写作水平，高等职业院校加快了应用文写作课程教学改革的步伐。作为一线教师，我们积极思考，大胆创新，尝试从教学内容、教学方式、学习方法等方面进行应用文写作课程教学改革。通过三年的摸索和实战演练，形成了阶段性成果《常用应用文写作实务技能训练》这本教材。

一、编写理念

本教材以常用应用文写作能力培养为本位，以实训为突破点，改革课堂教学模式，创新实训形式，重在培养学生应用文写作思维及综合应用能力；淡化写作理论知识，在编写理念、教材体例、教学指导、例文选编等方面都突出了"以项目任务为引领""融理论知识于实训实践""专业知识与就业岗位、行业工作相结合"的特点；使应用文教学在模拟行业工作情境中以实操演练的方式呈现，不仅创新了课堂教学模式，而且使学生走入"车间"，身临其境，完成"产品"——应用文；本教材还贴近行业，较好地将课程与专业结合，教学中可根据学生专业特点选择实训内容，提高学生实践能力。

二、内容结构

全书分为上篇、中篇和下篇，上篇为应用文写作基础知识概述，中篇为常用应用文写作实训，下篇为应用文写作综合能力实训。

上篇应用文写作基础知识概述部分，简单介绍了应用文和党政机关公文的写作基础知识，使学生初步了解了应用文和党政机关公文，为后面的文种学习奠定理论基础。

中篇常用应用文写作实训部分，主要选择计划、总结、简报、演说、通知等五类应用文进行编写。这五类应用文是各行各业在日常管理工作中经常用到的、学生在未来岗位上接触和使用频率高的应用文，也是我们教学中需要重点讲授，并进行实训的应用文，因此在校学生必须掌握。

为了使学生易于理解文种，培养其应用文写作思维，特将每个文种、每个项目的实训步骤设计为"想一想——练一练——改一改——看一看"。具体思路是：选择学生熟悉的学校或未来职业工作场景，设置情境，引出任务，引导学生进行任务分析；随后提供文种模板及写作要点提示，引导学生练习写作，完成初稿；再对初稿问题进行诊断修改；最后选择具有代表性、时代性、行业性特点的例文引导学生评析，进一步熟悉文种知识、写作思路及技巧。这一部分以精讲多练为主，突出实用性和实训性，促使学生主动思考，逐步操作完成任务，学会常用应用文写作。

下篇应用文写作综合能力实训，主要是在课堂上通过模拟院校、公安系统、司法行政系统、公司企业等行业中应用文使用的工作场景来开展教学。在模拟的工作情境中，让学生初步了解会议过程和办会程序，以及活动的策划、组织、实施过程，提高学生工作能力，并结合实训活动的模拟实施，使学生通过查找资料提前了解和熟悉院校、公安、司法及公司企业等行业的工作内容与工作程序，提高职业认知能力和就业竞争力，使其走上工作岗位后，能够尽快适应与应用文相关的工作；在模拟实训中，学生通过分组思考、讨论、练习、演练，学会工作过程中常用应用文的写作和要求；在任务演练环节中，使学生切身体验应用文的实际应用情况和效果，并及时修正所写文种的思路、内容、语言等，进一步提升应用文写作能力；在综合实训活动中，每个学生置身于工作场景中，经历活动的策划、会务的准备、材料的撰写、活动的举办、会议的召开及后期总结报道等工作阶段，锻炼学生的职业综合能力，提高综合素质。

三、使用建议

本教材只将常用的重要的五类应用文作为精讲精练的内容，而在下篇应用文写作综合能力实训中，涉及其他一些未精讲精练文种。对于这一部分文种，授课教师可根据教学课时的实际情况有选择地进行讲解，或者让学生自学。因为通过中篇五种常用应用文的实训，已达到举一反三的效果，学生的应用文写作思维初步形成，能够挖掘自身潜能自学其他未精讲文种。在下篇综合实训中，学生可以结合模拟情境深入理解、体验所学文种，最后达到能够实际应用的目的。

对于下篇写作综合能力实训部分，授课教师可以根据教学情况灵活选择运用，进行课堂综合实训指导。可提前安排学生利用课余时间准备，学期末进行实训展示。可将学生分组，每组展示 1~2 个不同实训项目；也可每组都展示同一实训项目；还可每组展示全部实训项目；也可根据学生所学专业、就业岗位自行设计实训项目。

教材中，五种常用应用文实训部分的"改一改"环节的参考答案可通过扫描附在后面的二维码获取。每个模块后设计了实训练习，学生完成练习后可通过扫描附在后面的二维码获取参考答案和例文。为了使学生掌握更多文种、评析更多例文、了解《党政机关公文处理工作条例》《党政机关公文格式》，我们也将其制作成二维码提供给学生，学生可扫描相关内容二维码进行自学。

四、编写分工

本教材的编写大纲、书稿统筹由李春艳负责，江海燕协助完成。上篇应用文写作基础知识概述部分具体由李春艳、袁武卫撰写。中篇常用应用文写作实训部分具体撰写分工是：模块一由王伟慧撰写；模块二由艾英撰写；模块三由郭芳撰写；模块四由许黎黎撰写；模块五由江海燕撰写。下篇应用文写作综合能力实训部分具体由李春艳、江海燕撰写。

五、感恩感谢

本教材能够出版，首先要感谢宁夏警官职业学院及各位领导、同事的大力支持！感谢学生们的信任、好学与积极参加课堂实训活动！感谢每一位参与编写的老师的努力和付出！感谢大家的负责和包容！感谢行业专家马劲君、哈晓东、张涛给予的精心指导和合理建议！

　　在编写过程中，我们参考、借鉴了许多学者专家出版的教材、学术著作和一些单位团体的网络媒体资讯等，我们还选用了许多行业单位的应用文，对此谨向原作者、材料提供者及相关单位致以衷心的感谢。由于编者理论修养和实践经验所限，书中难免存在疏漏之处，敬请广大师生和各位专家批评指正。

编　者

2018 年 6 月 30 日

图书总码

目　录

上　篇　应用文写作基础知识概述

模块一　应用文写作概述 ····································· 3

模块二　党政机关公文概述 ································· 17

模块三　实训练习 ··· 34

中　篇　常用应用文写作实训

模块一　计划类应用文写作实训 ····················· 43

项目一　计划写作实训 ····························· 43

项目二　安排写作实训 ····························· 50

项目三　方案写作实训 ····························· 59

项目四　知识链接 ································· 66

项目五　实训练习 ································· 69

模块二　总结类应用文写作实训 ····················· 71

项目一　个人总结写作实训 ························· 71

项目二　单位总结写作实训 ························· 78

项目三　情况汇报写作实训 ························· 90

项目四　实习报告写作实训 ························· 96

项目五　知识链接 ································ 102

项目六　实训练习 ································ 105

模块三　简报类应用文写作实训 ···················· 109
项目一　专题简报写作实训 ·························· 109
项目二　会议简报写作实训 ·························· 118
项目三　综合性简报写作实训 ······················ 122
项目四　知识链接 ································ 127
项目五　实训练习 ································ 131

模块四　演说类应用文写作实训 ···················· 134
项目一　演讲稿写作实训 ·························· 134
项目二　发言稿写作实训 ·························· 142
项目三　讲话稿写作实训 ·························· 146
项目四　知识链接 ································ 152
项目五　实训练习 ································ 156

模块五　通知类应用文写作实训 ···················· 159
项目一　事务性通知写作实训 ······················ 159
项目二　会议通知写作实训 ·························· 164
项目三　指示性通知写作实训 ······················ 168
项目四　知识链接 ································ 176
项目五　实训练习 ································ 178

下　篇　应用文写作综合能力实训

模块一　院校工作应用文综合实训案例 ················ 185
项目一　主题班会活动应用文综合实训 ················ 185
项目二　毕业典礼活动应用文综合实训 ················ 188
项目三　学生管理工作座谈会应用文综合实训 ············ 191

模块二　政法系统工作应用文综合实训案例 ·············· 194
项目一　公安分局工作例会应用文综合实训 ·············· 194
项目二　"百日行动查酒驾"活动应用文综合实训 ·········· 196
项目三　宪法日法治宣传活动应用文综合实训 ············ 199
项目四　公安局信息化建设与应用工作情况汇报会应用文综合实训 ········ 201

　项目五　公安局网络安全工作汇报会应用文综合实训 ……………… 203

　项目六　监狱工作暨党风廉政建设工作会议应用文综合实训 ………… 205

　项目七　优秀人民警察评选表彰活动应用文综合实训 ………………… 208

模块三　公司企业工作应用文综合实训案例 ……………………… 212

　项目一　安全生产视频会议应用文综合实训 ………………………… 212

　项目二　新员工入职培训活动应用文综合实训 ……………………… 215

　项目三　中层干部竞聘上岗活动应用文综合实训 …………………… 217

模块四　相关文种知识链接 …………………………………………… 220

　文种一　会议议程 …………………………………………………… 220

　文种二　会议记录 …………………………………………………… 222

　文种三　申请书 ……………………………………………………… 227

　文种四　决　定 ……………………………………………………… 229

　文种五　报　告 ……………………………………………………… 231

　文种六　请　示 ……………………………………………………… 236

　文种七　通　报 ……………………………………………………… 239

参考文献 …………………………………………………………………… 244

上　篇
应用文写作基础知识概述

模块一　应用文写作概述

  在大二的第二学期，李华班开设了一门课程《应用文写作》。在第一堂课上，授课老师提出三个问题：为什么要学习应用文写作？应用文和文学作品有什么区别？如何提高应用文写作能力？李华就这三个问题进行了思考。假如你是李华，请将思考答案简要概括地写在下面的表格里。

为什么要学习应用文写作	应用文和文学作品有什么区别	如何提高应用文写作能力

学一学

一、应用文写作课程的重要性

  应用文在社会生活中发挥着重要的作用，应用文的读写能力是每个现代人应该掌握的基本技能之一。作为大学生来说，应用文写作能力也是必不可少的。我国知名教育家叶圣陶先生就曾说过："大学毕业生不一定要能写小说、诗歌，但一定要能写工作、生活中的实用文章，而且非写得既通顺又扎实不可。"在这，叶先生所说的"实用文章"就是应用文，可见其重要性。

目前，我国各高等院校普遍开设了应用文写作类的课程，高职院校许多专业将应用文写作训练作为重要的教学内容。应用文写作课程不仅培养应用文写作能力，而且在提高学生的工作能力、综合素质等方面也发挥着越来越重要的作用。

（一）培养发现、分析、解决问题的能力

应用文是为解决现实生活工作中的问题而存在的，每一篇应用文都是紧紧围绕现实情况来撰写的。在撰写过程中，需要对现实问题进行观察、分析，找到符合本质规律的解决问题的办法，这一过程就可以培养学生发现、分析、研判、解决问题的能力，从而提高智慧生活、工作的能力。

（二）培养逻辑思维能力

在解决现实问题的过程中，需要学生遵循事物发展规律进行理性思考，按照事物之间的逻辑关系有效地解决问题，最后形成具有实用价值的应用文，完成任务和工作。所以在撰写应用文的过程中，能够培养学生严密的逻辑思维能力，提高其思考力。

（三）提高语言文字表达能力

应用文写作是依靠语言文字传递信息、表达思想从而完成任务的。语言文字是其主要媒介，因此应用文写作可以锻炼并提高写作主体的语言文字的表达和运用能力。

（四）锻炼组织、管理和协调能力

有时完成一篇应用文，实际上是提前组织了一次活动，召开了一场会议，安排了一项工作，协调了一件事情等，虽然没有开展实际工作，但我们已经在大脑中反复思考构建了这些工作、任务，从一定程度上来说，这个过程也锻炼了我们的组织、管理和协调能力。

（五）有助于对职业的认知

在学习这门课程时，可以从大量例文中，特别是与自己专业结合紧密的例文中感知相关职业方向的内容、特点等，进而深化对职业的认识和了解。在进行实训练习时，需要查找相关专业或职业的资料，这一过程也有助于对职业的了解和认知。

二、应用文及应用写作的含义

应用文是指国家党政机关、企事业单位、社会团体以及个人在办理公私事务时所使用的，具有一定惯用体式的实用性文章的总称。它具有指导、管理、宣传、教育、交流、沟通和作为依据、凭证的作用。

应用写作，就是应用文的写作，是以应用文及其写作活动为研究对象，探讨并研究应用文写作的规律，培养应用文写作思维，提高应用文写作能力的一门学科。

三、应用文的特点

（一）实用性

实用性是应用文最根本的特点。应用文是从实际需要出发，为解决或处理生活、工作中的实际问题而写的，具有实用的价值。

（二）真实性

真实性是指应用文的内容真实确凿、实事求是。应用文要为解决现实问题、指导实际工作服务，所以文中所提到的材料必须是真实可靠的，杜绝虚构夸张，做到有根有据、准确可信。

（三）程式性

程式性是指应用文的较固定的拟制和办理程序以及行文格式。这些程序、格式都是人们在长期的实践中约定俗成的，便于处理问题、写作、阅读。应用文要按照固定格式和习惯用法进行写作，不可随意变动，标新立异。

（四）针对性

应用文写作有很强的针对性，每个文种都有其相应的发送对象和使用范围。发送对象一般都明确具体，特指某一群体。

（五）时效性

应用文是解决现实中存在的问题的，一般要求在特定的时间内处理特定的问题，要求写得及时，办得及时，强调时效性。如果不及时写作办理，就会错过解决问题的最佳时机，将会给工作、学习、生活带来不利。

（六）简明性

应用文写作的目的是实用，力求使用明确、简洁、概括、精炼的语言进行表达，并恰当使用专业术语。

四、应用文的种类

应用文的种类繁多，划分标准各异，分类也不同。一般按照应用文的功能可划分为通用类应用文和专用类应用文。

（一）通用类应用文

通用类应用文指人们在办公或办事过程中普遍使用的应用文。包括党政机关公文类、通用事务类、日常生活类应用文。

1. 党政机关公文类应用文是指《党政机关公文处理工作条例》中所规定的15种应用文。

2. 通用事务类应用文是指机关团体、企事业单位或个人处理一般事务的应用文。包括计划、总结、简报、调查报告、述职报告、会议议程、会议记录、讲话稿、规章制度等。

3. 日常生活类应用文是指单位或个人用来处理日常生活中的公、私事务时经常使用的应用文。如各类信函、礼仪文书、申请、简历、读书笔记、启事、条据等。

（二）专用类应用文

专用类应用文指社会各行业在其专业工作中使用的专业性较强的应用文。主要有科技类、财经类、公安类、司法类、外交类、军事类、传播类等应用文。

五、应用文写作基础知识

应用文的基本构成要素包括主题、材料、结构、语言表达方式。

（一）应用文的主题

1. 主题的含义。应用文主题是写作意图的直接体现，指作者通过文章的具体材料所表达的中心思想或基本观点，也称"主题思想"或"主旨"等。它是文章的主体和核心，是写作目的的体现。

2. 应用文主题的作用。主题是文章的核心和灵魂，一方面决定着文章的价值，另一方面决定着材料的取舍、支配着文章的谋篇布局、制约着语言表达方式、影响着文章的遣词造句。

3. 主题的来源与提炼。应用文主题一般不能根据作者本人的意愿自由确定，而是源于现实实际情况和问题的解决等。

（1）来源于上级部门或单位领导的意图。在撰写应用文之前，写作者往往需要了解党和国家的路线、方针、政策，认真阅读上级的相关文件，准确领会上级机关的工作部署和要求，或者提前与单位领导沟通，了解、把握领导的意图和要求，在此基础上形成应用文的主题。

（2）来源于对实际生活、工作的调查研究。作者通过对生活、工作的观察、研究、分析或亲自参与社会实践，获得大量的材料，并对其进行分析、综合、比较、归纳，从中把握事物的本质规律，提炼形成主题。

4. 主题的点题方法。应用文的主题一般是直接表达或显露在文章中的。

（1）标题点明全文主题。在应用文标题中直接凸显主题，用明白无误的语句直截了当地表达自己的主张、观点。如《××学校关于开展节能减排活动的通知》，标题中的"开展节能减排活动"点明全文主题。

（2）开头主题句点题。在应用文的开头部分，往往用一句话概括出主题。如《中共中央组织部关于全国组织系统认真学习贯彻党的十九大精神的通知》的开头为：

按照《中共中央关于认真学习宣传贯彻党的十九大精神的决定》要求，结合组织工作实际，现就全国组织系统学习贯彻党的十九大精神通知如下。

这段选文是这份通知的开头部分，在介绍了发文缘由后，用"现就全国组织系统学习贯彻党的十九大精神通知如下"这句来揭示主题。

（3）文中段旨句（或小标题）点题。在应用文各层次或自然段中，往往在其开始的部分用非常简明扼要的一两句或几句话准确概括层次、段落的大意，形成段旨句。段旨句一般都是围绕总主题所形成的分主题，从一定角度揭示了主题；或者应用文中形成段落小标题来概括层次大意，深化、细化全文主题。如《××市公安局关于推进小城镇户籍管理制度改革的意见》中：

结合本市实际情况，提出如下意见。

一、工作目标和原则

本市小城镇户籍管理制度改革工作，应坚持既要积极又要稳妥，因地制宜、协调发展的原则。

……

这段选文中，"工作目标和原则"是"推进小城镇户籍管理制度改革意见"的重要内容之一，是主题的进一步细化，同时又是下面几段内容的高度概括和主题表达，是这几段的小标题。

（4）篇末点题。就是在应用文的结尾再次点明主题，首尾呼应。

（二）应用文的材料

1. 材料的含义。应用文的材料是指为应用文写作而搜集的能够表现主题的一系列事实、数据、观点。

2. 材料的收集、选择和使用。在应用文写作时，需要广泛收集材料，恰当地选择和使用材料。

(1) 收集材料。材料是撰写应用文的基础。写作时，首先要根据应用文的写作意图和目的，尽可能地搜集更多的资料。搜集材料一般有直接获取与间接获取两条途径。直接获取是指作者运用观察、调查、采访、问卷、开调查会等方法直接从现实生活中获取材料；间接获取是指作者通过各种记录、报表、报刊、网页、书籍、单位的档案等传播媒介间接获取材料。

(2) 选择材料。应用文材料的选择是根据主题而定的，要紧扣主题选择那些真实、准确、典型、新颖的材料，能够有效解决问题的材料。

(3) 使用材料。撰写应用文时，使用材料的原则是能够有力表现主题、解决实际问题。因此，要根据应用文的不同主题、不同性质、不同功能决定材料的选择和使用方式，同时注意观点和材料是否达到统一，材料的使用是否能够有助于解决现实问题。

(三) 应用文的结构

1. 结构的含义。应用文的结构就是根据主题的需要对选用的材料进行组织和编排的方式，是作者思路在文章中的具体体现，也称谋篇布局。包括两层含义：一是应用文内部联系的体现，即材料和观点、部分与整体之间的大体思维逻辑框架；二是外在形式，即应用文的标题、开头、主体、结尾、层次、段落、过渡、照应、主次、详略等外在要素的具体安排设计；一般这二者是和谐统一、相辅相成的。

2. 结构安排的原则。应用文的结构要根据主题和文种的要求，正确反映客观事物的发展规律，符合解决问题之道，做到严谨自然，完整统一。

(1) 服从主题。应用文的结构必须为表现、突出主题服务，开头与结尾、层次与段落、过渡与照应、主次与详略的安排都是服从主题的需要。

(2) 符合事物的发展规律和内在联系。应用文的结构安排要符合事物的发展规律和内在联系，符合人类认识客观事物的规律。

(3) 适应不同文体的要求。不同类型的应用文都有其约定俗成或法定的结构方式，因此，撰写应用文时，要按照具体的文种格式安排结构。

(4) 清晰醒目，完整自然。应用文要求条理清晰、纲举目张、完整自然，符合体式特点，以便读者把握要领、贯彻执行，一般采用分条列项、小标题提示、段首提要等形式。

3. 结构的内容。结构包括以下内容：

（1）开头和结尾。应用文常用的开头方式：

第一，目的式。交代发文的目的、动机和意义，常用"为了（为）……"等介词作为文章开端之语。这是应用文写作中最常用的开头方式之一，常用于计划、情况通报、通告、通知、意见等文种。如《关于举办服装产品展销会的通知》中的开头"为了扩大我市服装商品的知名度，向全国推广，繁荣市场，满足消费者需求，经研究决定于……"。

第二，根据式。交代发文的依据和撰写的根据，增加发文的权威性，一般为上级的指示、要求、规章、安排等，常用"根据……""按照……""遵照……""经……决定""经……通过"等介词或介词短语引起下文。这多用于决定、调查报告等文种中。如《中国人民解放军驻澳门部队进驻澳门特别行政区的命令》中的开头"根据《中华人民共和国宪法》赋予中国人民解放军的使命，依照《中华人民共和国澳门特别行政区基本法》《中华人民共和国澳门特别行政区驻军法》有关规定，命令你们……"。

第三，缘由式。交代发文的缘由和原因，常用"因为……""由于……""鉴于……""……为此"等介词引出下文。一般是引出发文目的。常见于启事、消息、通讯、调查报告等文种中。如《招聘启事》的开头"因公司业务发展需要，现面向社会招聘……"。

第四，提问式。以提问的方式开头，让读者首先对全文要说明的问题心中有数，并引起对问题的注意和思考。调查报告、学术论文、新闻、倡议书等文种，有时用这种方式开头。如《致全校同学的倡议书》的开头"你想在一个绿树成荫、鸟语花香的地方生活吗？你想在一个姹紫嫣红、四季如春的环境学习吗？你想在一个环境优美、充满生机的校园里成才吗？答案当然是肯定的"。

第五，概述式。开头主要概括交代背景、基本情况、主要内容，起到提纲挈领的作用。这种开头，多用于通报、调查报告、简报、总结、会议纪要等文种中。如《关于8·13火灾事故情况的通报》中的开头为"×年8月13日下午15时许，我厂第三车间发生一起火灾事故，烧毁机器设备2台，造成直接经济损失约5万元，所幸未造成人员伤亡。起火原因系工作人员在车间抽烟后将烟蒂遗落在易燃物上所致"。

第六，结论式。开头先提出结论性观点和意见，接着再具体解释、阐述、说明。消息、通讯、总结、简报等文种常用这种方式开头。如××县人口普查办公室的简报《提倡"五种意识"力促人普工作》中的开头"在第六次全国人口普查工作中，××县人普办结合自身工作实际，提倡全体普查员树立讲大局、讲奉献、讲质量、讲创新、讲依法的五种意识，确保全县人口普查工作高标准、高质量完成。一是……"。

第七，综合式。开头综合使用以上两种或者几种开头方式，一般为先叙述背景情况，再说明依据，或点明目的等。如《×年学习总结》的开头"一学年的学习任务已结束。这一年来在增长知识、提高能力方面收获颇多。为了巩固成绩，弥补不足，以利于今后的工作和学习，特总结如下……"。

应用文常用的结尾方式：

第一，以专用词语结束全文。如："特此报告""特予公布""妥否，请批示""此令""此复"等。

第二，总结点题式。运用简洁明了的语言概括出全文内容，或得出结论，点明主题，使读者加深对文章的理解和认识。如《教务处×年工作总结》的结尾"总之，教务处工作是一项很繁琐的工作，只有认真、细心才能够做好，所以在今后的工作中要继续坚持一贯作风，不断总结完善，注重配合，争取做得更好，为促进学校发展而努力"。

第三，以号召、希望、要求结束全文。在结尾处发出号召，寄托希望，以便激励读者，或者向收文者发出指示，提出要求。适用于下行文或讲话。如《校运动会开幕词》的结尾"最后，让我们共同预祝第十届校运动会圆满成功"。

第四，祈请式。请求有关部门的批准、支持和协助。适用于上行文。如《××市农业委员会关于发展市观光旅游农业的意见》的结尾"以上意见如无不妥，请批准各县（市）、区及市各部门执行"。

（2）层次和段落。

第一，层次是应用文思想内容表现的次序。它反映和表现客观事物的发展阶段和问题、矛盾的各个方面，同时也是作者思维流动发展过程的具体体现，因此又称为"逻辑段"，或叫"部分"。层次划分要求前后有序，条理清楚。层次安排有总分式、并列式、递进式三种，常见的层次表述方法有数量词表示、小标题表示、词和词组表示三种，如以"一、二、三……"之类的序号，或者用"首先、其次、再次、最后……"等词语标注。

第二，段落是指自然段，是应用文中能够表达一个完整意思而又相对独立的基本构成单位。其标志一般是段首空两格，段末另起行。安排段落需要注意的是，每段要段意单一完整，长短适度，并且还要注意段与段之间的逻辑关系，使层次鲜明。

（3）过渡和照应。

第一，过渡是指层次与段落之间的衔接与转换，在应用文中起着承上启下、相互连接的纽带作用。常见的过渡形式主要有四种：一是词语过渡，如"总之""因此""然而""由此可见""综上所述""在此基础上"等；二是使用句子过渡，如"现将具体情况总结如下""现将有关事项告知如下""特制订此办法"等；三是运用序号或相当于序号的词语过渡，如段首标明"一、二、三……"之类的序号，或者用"首先、其次、再次……"等词语，或采用小标题式过渡；四是段落过渡，这种形式常见于篇幅长、层次跨度大的应用文中。

第二，照应是指内容的前后呼应和关照。应用文常见的形式有文题照应、首尾照应和文中内容照应。

（四）应用文的语言

1. 应用文写作的语言表达方式。应用文写作常用的语言表达方式主要有叙述、说明和议论三种，描写和抒情一般在广告、通讯、导游词、演讲词等文种里使用，其他文种则很少使用。

（1）叙述。叙述是对人物的经历、活动和事件的发生、发展变化过程的叙说和交代，是应用文写作中最基本、最常用的语言表达方式。主要用于交代背景、介绍情况、综述事迹、指出办法以及为议论提供事实依据等。应用文中的叙述一般要求要素完备，时间、地点、人物、事件、原因、结果要明确，还有多以概述为主，抓住重点的事实和关键的情况叙述，主次分明，详略得当，要点突出。

（2）议论。议论是就某个问题、事件进行判断、推理、分析、归纳，提出观点、表明态度、发表意见的一种语言表达方式。一般来说，议论是由论点、论据和论证三个要素构成。在许多应用文写作中，往往以正面论证为主，旗帜鲜明地表明观点，以真实可靠的事实或理论为依据，引导人们理性认知，合理分析解决问题。应用文中的议论不要求完整论证，不需要周详的逻辑推理过程，并且常常是与叙述、说明等语言表达方式结合使用的。常用的立论方法有例证法、引证法、对比法、类比法、因果推论法等。

（3）说明。说明就是用简明的语言介绍、解释、阐述客观事物和抽象事理的一种语言表达方式。在应用文写作中，主要用于介绍人物经历、状况；解说事物的形态、性质、特征、成因、种类、构造、功能及其发展变化；表述事理的概念、特点、来源、演变、规律、关系等。

常用的说明方法有定义说明、分类说明、举例说明、比较说明、诠释说明、数字说明、图表说明等。

2. 应用文写作的语言要求。

（1）准确。应用文的特点和功用决定了它的语言的准确性，即所用词语能恰如其分地表达客观事物，使现实问题顺利解决。在应用文特定的语境关系中，概念要清楚，判断要恰当，所引内容、数据要精确，选词要准确明晰，语言表述要确切、无歧义。如注意辨析相似词语之间的差异，数量表达的正确性，词语搭配得当等。例如，"办事严谨"而不是"办事严肃"；"完成 5 项任务"而不是"完成许多任务"；"召开会议"而不是"开展会议"。

（2）简明。应用文是基于解决现实问题的需要而产生的，因此需要用尽可能少的文字反映尽可能多的信息，做到直截了当、言简意赅、通俗易懂，使人容易明白并能遵照执行。

应用文常利用联合短语作句子成分，把若干相关的意思凝聚在一个句子里，如"通过多种途径提高班主任队伍的素质，实践精致管理理念，不断强化育人意识、完善德育队伍建设、丰富德育教育内涵、创新德育工作方法、争创德育特色品牌，努力……"这句中"不断"一词后面就由 5 个联合短语凝聚在一起，使复杂内容有条理且简练地表达出来。

应用文中，在主语十分明确的情况下，常常可以省略主语。如《××学校×××年德育工作计划》中，因为发文单位非常明确，就是"××学校"，所以在这篇计划中，主语是全部省略的。

（3）规范。撰写应用文时，要求根据具体语境、场合、收文对象使用规范化的书面语言，包括规范使用专业词语、特定词语、简称或者省略语等，应用文一般不宜使用口语、方言、俗语、俚语、网络用语等。如在提出申请事项时，规范用语是"现特申请……"，而不能写为"我想……"。

（4）庄重。应用文语言要庄重、得体、雅正不俗；要符合特定文种的语言特色，按照其格式要求遣词造句；要符合发文者的身份，要与客观环境、特定读者和谐一致；语言措辞有度、庄重得体，有利于问题的解决和实施。如上行文应体现尊重、恳切的语气，平行文应体现真诚、谦和的语气，下行文应体现决断明确又体恤下情的语气。在应用文写作中，可以适当使用一些文言词语，不仅可使语言凝练，还可增强应用文的庄重性、严谨性。如兹、兹有、悉、收悉、谨、拟、承蒙等。

（5）平实。平实是应用文语言的本色。主要指语言朴素自然、实在质朴，杜绝溢美之辞，反对套话、大话、空话、假话，要求客观公正地沟通情况，交流思想，解决问题。除了广告通讯、导游词、演讲稿等少数文种之外，一般不使用文学语言，不用夸张、比拟、双关等修辞手法。此外，多用陈述句和祈使句，很少用或不用感叹句和疑问句。

六、提高应用文写作能力的基本方法

提高应用文写作能力是一个长期的实践过程，需要写作者在日常学习、生活、工作中有意识地培养写作思维和实践训练。

（一）学习、掌握写作知识

目前，应用文写作已初步形成了理论体系，并在不断发展完善。如果写作者能够认真学习应用文写作知识，掌握具体文种的写作要领，并以此来指导写作实践，就可以避免写作的盲目性，少走弯路，取得事半功倍的效果。

（二）加强政治理论、业务知识的学习

一篇好的应用文，都是作者的政策水平、生活阅历、知识积累和写作技巧的综合反映。因此写作者要加强政治理论、业务知识的学习，熟悉党和国家的路线、方针、政策，会运用科学的立场、观点、方法去观察、分析、解决问题，还要熟悉、掌握本行业和本部门的工作规律，能够理论联系实际，这样才能写出高水平的真正适应工作需要或者解决实际问题的应用文。

（三）认真分析范文和病文

规范、典型的应用文，都是作者苦思冥想、精心撰写的结果，值得学习研读。通过对这些范文的研读可以巩固所获得的应用文文种学习的初步知识，强化正在形成中的关于应用文的内在规范，帮助我们提高写作能力。学习的范文越多，视野就越开阔，应用起来就越得心应手。研读范文最好的办法是多看报纸，多看单位的文件，仔细分析其如何体现写作意图，如何组织材料、安排结构；仔细辨析，掌握文种的写作方法，从中领悟具体的应用文写作规律。

修改病文是从反面引导学习者思考、领悟应用文的写作内容、格式及写作注意事项的。通过修改病文，可以检验应用文写作技能的掌握程度，准确找出写作中存在的薄弱之处，从而对症下药进行弥补完善和提高。因此，认真分析病文，也是提高应用文写作能力的有效方法。

（四）勤写多练，经常实践

要想写好应用文，最重要的还是勤于动笔，勇于实践。只有经常进行写作训练，才能掌握相关的知识和技能，提高实际的写作能力。因此，在日常学习、生活、工作中要有意识地进行多写多练，利用好每一次实践、锻炼、提高的机会。

 看一看

请根据以上所学知识评析下列例文，并谈谈你的认识。

示例一：

申请书

学生处：

　　我是学院××系法律专业 1601 区队学生李华。因疏忽大意不慎将自己的学生证丢失，现特申请补办学生证。恳请批准为盼！

　　此致

敬礼

李　华

2017 年 12 月 10 日

示例二：

青春志愿行·共筑中国梦"志愿文学"征文活动启事

　　改革开放以来，党中央高度重视志愿服务事业，大力倡导志愿服务活动，参与志愿服务迅速成为一种社会潮流和时代风尚，散发出灿若星火的独特魅力。越来越多的人参与其中，汇聚起磅礴的社会正能量。在志愿服务事业发展的长河中，志愿者做着平凡的事，积累和沉淀了许多有血肉、有梦想、有情感的故事。散落在亿万志愿者笔尖的感悟、日记、书信是志愿文学的源头活水，彰显着"奉献、友爱、互助、进步"的志愿精神。为学习贯彻习近平总书记文艺思想，高举志愿精神火炬，凝聚中国力量，用文学形态讲述志愿故事，塑造志愿者的群体形象，以"志愿文学"唱响新时代的真善美之歌，共青团中央和中国作家协会共同举办"志愿文学"征文活动。

一、征文主题

青春志愿行·共筑中国梦

二、活动时间

2017 年 10 月 12 日－2018 年 12 月 31 日

征文截稿时间：2018 年 8 月 31 日

三、组织机构

（一）主办单位

共青团中央

中国作家协会

（二）承办单位

中国青年志愿者协会

团中央青年志愿者行动指导中心

中国作家协会创作联络部

中国作家出版集团

（三）支持单位

中国青年报、文艺报、中华儿女杂志、青年文学杂志、人民网、新华网、光明网、中国作家网、中青在线、中国青年网、阅文集团

四、征文体裁及要求

1. 征文体裁：小说、剧本；诗歌（含歌词和古体诗）；散文（含书信和日记）；报告文学。

2. 征文要求：内容健康、积极向上，讲述志愿故事；情感真挚、视角独特，传承志愿精神。

五、评选机构及奖项设置

征文活动将邀请有关方面权威人士按征文体裁和类别成立评审组，经组委会同意后，按照公平、公正、择优的原则经初评、复评和终评程序评出优秀作品，并在媒体公示，接受监督。

每个评审组设一等奖 3 名，二等奖 5 名，三等奖 8 名，优秀奖 50 名。根据作品终评情况可以提名"最具潜力奖""最佳故事奖""最美语言奖"等奖项。

六、投稿须知

1. 本次征文活动不向参与者收取任何费用。

2. 投稿方式：

纸质来稿请寄：北京 100005 信箱 19 分箱，请在信封上注明"志愿文学征文"，在文稿首页注明"作品名＋体裁＋作者名"。电子来稿请发送至邮箱 zhiyuanwenxue2017@163.com，附件名称为："作品名＋体裁＋作者名"，并在"邮件主题"处注明"志愿文学征文"。

3. 投稿作品必须为作者本人原创作品，一人可投多篇稿件。一旦发现剽窃抄袭将取消参评资格。参评者投稿作品应未与任何第三方签署相关电子（包括无

线）、出版、影视等版权。主办方不承担包括（但不限于）参评作者因名誉权、著作权等纠纷产生的法律责任。符合以上条件，已发表、出版的志愿文学作品，征得版权持有者同意也可参评。

4. 本次征文活动最终解释权归活动主办方所有。

七、活动联系人

团中央青年志愿者行动指导中心文化宣传处　×××　×××

联系方式：×××××××

共青团中央
中国作家协会
2017 年 10 月 12 日

（摘自中国青年网 http://xibu. youth. cn/，最后访问时间：2018 年 5 月 28 日，略有删改。）

示例三：

关于成立市公安局协警党支部的请示

市公安局党委：

××市公安局现有协警 300 余人，其中中共党员 228 人，正式党员 196 人。为便于党员管理，并发挥党员在公安队伍中的先锋模范作用和党支部的战斗堡垒作用，按照党章规定和局领导指示，特请示在特勤大队成立协警党支部，支部委员会由 6 人组成，设书记、组织委员、宣传委员、纪检委员、文体委员、保密委员，具体人选将按照选举程序民主产生，筹备工作由本支部负责，如若同意将会在 12 月筹备完毕。

妥否，请批示。

特勤大队
×年×月×日

模块二　党政机关公文概述

任务要求:

1. 了解党政机关公文的含义、特点、作用、种类等基本知识。
2. 掌握党政机关公文的文面结构。
3. 掌握党政机关公文的行文规则。

想一想

　　《应用文写作》课程的授课教师带来一沓"红头"文件——党政机关公文。这样的"红头"文件，石磊并不陌生，他经常在父亲的书房和办公室看到。他不是很清楚这些红头文件有什么作用，只是看到父亲有很多工作都是在处理这些文件。授课老师给每位同学发了一份党政机关公文，要求同学们认真阅读、互相交流，并思考三个问题：党政机关公文的作用、特点是什么？党政机关公文的文面格式包括哪些要素？在实际工作中，我们使用党政机关公文需要注意的事项有哪些？带着这三个问题，石磊翻开了教材，认真阅读思考，并将答案填写在下面的表格中。

党政机关公文的作用、特点是什么	党政机关公文的文面格式包括哪些要素	在实际工作中，我们使用党政机关公文需要注意的事项有哪些

一、党政机关公文的含义

2012 年 4 月 16 日，中共中央办公厅、国务院办公厅印发了《党政机关公文处理工作条例》（下文简称《条例》），从 2012 年 7 月 1 日起施行。《条例》中党政机关公文是指党政机关实施领导、履行职能、处理公务的具有特定效力和规范体式的文书，是传达贯彻党和国家的方针政策，公布法规和规章，指导、布置和商洽工作，请示和答复问题，报告、通报和交流情况等的重要工具。公文作为传达和贯彻党和国家方针政策、联系和处理各级机关公务的工具，体现着组织的意志，表达着组织的主张，显现着组织活动的行为目的，在国家管理中发挥着重要作用。

二、党政机关公文的特点

（一）内容的法定性

公文的基本内容是国家政权机关的意志、意图的体现，直接反映国家政权的政治意向和根本利益，具有鲜明的政治性。因此，公文的内容不能与各项党纪国法相冲突，必须要与国家法规、政策等保持一致。

（二）有法定的作者

党政机关公文的作者是指各级党政机关，或者依法成立并能以自己的名义行使法定职权和承担义务的机关、组织、单位。在某些特殊情况下，也需要以国家领导人或机关首长、负责人的名义发文（如《中华人民共和国主席令》），但这也是代表所在机关、单位行使职权的一种表现，不应视为领导个人的意见。

（三）有法定的权威性与特定效力

公文的法定权威性和特定效力来自公文制发机关的权威性和合法地位。公文是代表机关、组织、单位发言，一经发布，就有一定的强制性和行政约束力，有关单位和个人就要遵照执行，不能违抗或随意处理。

（四）有规范的体式

公文具有区别于其他文体的规范体式，包括格式和语体的特定性。多年来，公文不仅约定俗成，形成了相对固定的格式，而且国家专门下发《条例》，对其进行统一和规范。各机关、社会团体和企事业单位必须按照规范的体式撰写公文，不能随心所欲，各行其是。

（五）有法定的处理程序

党政机关公文具有法定的处理程序。发文机关、收文机关对所发、所收公文要按照法定的程序进行，如发文要经过复核、登记、印制、核发等程序，收文要经过签收、登记、初审、承办、传阅、催办、答复等程序，不能随意处理公文。这样有助于维护公文的权威性、严肃性，有利于文秘工作的科学化、规范化，有利于提高单位工作质量和效率。

三、党政机关公文的种类

《条例》中规定，公文的种类主要有：决议、决定、命令（令）、公报、公告、通告、意见、通知、通报、报告、请示、批复、议案、函、纪要等 15 种。

从不同角度，公文可有以下分类：

1. 按其行文方向，可分为上行文、下行文、平行文。上行文是指下级机关向所属上级机关呈送的公文，如请示、报告等；下行文是指上级机关向所属下级机关发送的公文，如命令（令）、决定、公告、通告、通知、通报、批复等；平行文是指同级机关或不相隶属机关之间相互往来的公文，如函。

2. 按其紧急程度，可分为特急公文、加急公文、常规公文。公文有送达和办理的时限要求，需迅速传递办理的，称紧急公文。紧急公文可分为特急和加急两种。紧急公文应随到随办，时限要求越高，传递、办理的速度也就要求越快，但要"快中求准"。随着社会的发展，对公文的时效要求越来越高，即使常规公文，也应随到随办，以提高办文效率。

3. 公文按其机密程度，可分为绝密公文、机密公文、秘密公文、普通公文。绝密、机密、秘密公文又称保密文件，是指内容涉及党和国家的机密，需要控制知密范围和知密对象的文件。绝密、机密、秘密文件分别指涉及党和国家最核心机密、重要机密、一般秘密的文件。凡是机密公文必须标明秘密等级（简称"密级"）和保密期限。文件的密级越高，传达、阅办、保管的要求也越严。

四、党政机关公文各文种的适用范围

1. 决议。适用于会议讨论通过的重大决策事项。

2. 决定。适用于对重要事项作出决策和部署、奖惩有关单位和人员、变更或者撤销下级机关不适当的决定事项。

3. 命令（令）。适用于公布行政法规和规章、宣布施行重大强制性措施、批准授予和晋升衔级、嘉奖有关单位和人员。

4. 公报。适用于公布重要决定或者重大事项。

5. 公告。适用于向国内外宣布重要事项或者法定事项。

6. 通告。适用于在一定范围内公布应当遵守或者周知的事项。

7. 意见。适用于对重要问题提出见解和处理办法。

8. 通知。适用于发布、传达要求下级机关执行和有关单位周知或者执行的事项，批转、转发公文。

9. 通报。适用于表彰先进、批评错误、传达重要精神和告知重要情况。

10. 报告。适用于向上级机关汇报工作、反映情况，回复上级机关的询问。

11. 请示。适用于向上级机关请求指示、批准。

12. 批复。适用于答复下级机关请示事项。

13. 议案。适用于各级人民政府按照法律程序向同级人民代表大会或者人民代表大会常务委员会提请审议事项。

14. 函。适用于不相隶属机关之间商洽工作、询问和答复问题、请求批准和答复审批事项。

15. 纪要。适用于记载会议主要情况和议定事项。

五、党政机关公文的行文规则

按照《条例》的明确规定，党政机关公文的行文规则可归纳如下：

（一）一般规则

1. 行文应当确有必要，讲求实效，注重针对性和可操作性。

2. 行文关系根据隶属关系和职权范围确定。一般不得越级行文，特殊情况需要越级行文的，应当同时抄送被越过的机关。以下情况可以考虑越级行文：

（1）情况特殊紧急，如果采取逐级行文会延误时机造成重大损失。

（2）已经多次向直接的上级机关请示，但问题长期没有解决。

（3）上报上级机关交办，且指定直接越级上报的具体事项。

（4）有些具体事项（如需要报告、检举直接上级机关）需要越过某些机关直接询问或答复。

（二）向上级机关行文的规则

1. 原则上主送一个上级机关，根据需要同时抄送相关上级机关和同级机关，不抄送下级机关。

2. 党委、政府的部门向上级主管部门请示、报告重大事项，应当经本级党委、政府同意或者授权；属于部门职权范围内的事项应当直接报送上级主管部门。

3. 下级机关的请示事项，如需以本机关名义向上级机关请示，应当提出倾向性意见后上报，不得原文转报上级机关。

4. 请示应当一文一事，不得在报告等非请示性公文中夹带请示事项。

5. 除上级机关负责人直接交办事项外，不得以本机关名义向上级机关负责人报送公文，不得以本机关负责人名义向上级机关报送公文。

6. 受双重领导的机关向一个上级机关行文，必要时抄送另一个上级机关。

（三）向下级机关行文的规则

1. 主送受理机关，根据需要抄送相关机关。重要行文应当同时抄送发文机关的直接上级机关。

2. 党委、政府的办公厅（室）根据本级党委、政府授权，可以向下级党委、政府行文，其他部门和单位不得向下级党委、政府发布指令性公文或者在公文中向下级党委、政府提出指令性要求。需经政府审批的具体事项，经政府同意后可以由政府职能部门行文，文中须注明已经政府同意。

3. 党委、政府的部门在各自职权范围内可以向下级党委、政府的相关部门行文。

4. 涉及多个部门职权范围内的事务，部门之间未协商一致的，不得向下行文；擅自行文的，上级机关应当责令其纠正或者撤销。

5. 上级机关向受双重领导的下级机关行文，必要时抄送该下级机关的另一个上级机关。

（四）联合行文、相互行文的规则

1. 同级党政机关、党政机关与其他同级机关必要时可以联合行文，属于党委、政府各自职权范围内的工作，不得联合行文。

2. 党委、政府的部门依据职权可以相互行文。部门内设机构除办公厅（室）外不得对外正式行文。

六、党政机关公文的格式

党政机关公文格式是在公文制发过程中逐渐形成的，体现了党政机关公文的规范性与严肃性。2012 年《条例》，对党政机关公文格式作了新的表述。随后国家起草修订了原《国家行政机关公文格式》，并将其改名为《党政机关公文格式》（以下简称《格式》），于 2012 年 6 月 29 日发布，从 2012 年 7 月 1 日起实施。现将党政机关公文格式的主要内容介绍如下：

（一）一般格式

公文的各要素可划分为版头、主体、版记三部分。公文首页红色分隔线以上的部分称为版头；公文首页红色分隔线（不含）以下、公文末页首条分隔线（不含）以上的部分称为主体；公文末页首条分隔线以下、末条分隔线以上的部分称为版记。页码位于版心外。

1. 版头部分。版头部分包括份号、秘级和保密期限、紧急程度、发文机关标志、发文字号、签发人、版头中的分隔线等要素。版头部分位于公文首页上端。

（1）份号。公文印制份数的顺序号。《条例》中规定，涉密公文应当标注份数序号，目的是便于统计、登记、保密和回收。份号一般用 6 位 3 号阿拉伯数字标注，顶格编排在版心左上角第一行。

（2）密级和保密期限。公文的秘密等级和保密的期限。涉密公文应当根据涉密程度分别标注"绝密""机密""秘密"和保密期限。如需标注密级和保密期限，它们之间用 ★ 号隔开，一般用 3 号黑体字，顶格编排在版心左上角第二行；保密期限中的数字用阿拉伯数字标注。

（3）紧急程度。公文送达和办理的时限要求。根据紧急程度，紧急公文应当分别标注"特急""加急"。如需标注紧急程度，一般用 3 号黑体字，顶格编排在版心左上角；如需同时标注份号、密级和保密期限、紧急程度，按照份号、密级和保密期限、紧急程度的顺序自上而下分行排列。

（4）发文机关标志。由发文机关全称或者规范化简称加"文件"二字组成，也可以使用发文机关全称或者规范化简称。联合行文时，发文机关标志可以并用联合发文机关名称，也可以单独用主办机关名称。

发文机关标志居中排布，上边缘至版心上边缘为 35mm，推荐使用小标宋体字，颜色为红色，以醒目、美观、庄重为原则。

联合行文时，如需同时标注联署发文机关名称，一般应当将主办机关名称排列在前；如有"文件"二字，应当置于发文机关名称右侧，以联署发文机关名称为准上下居中排布。

（5）发文字号。发文字号是发文机关编排的文件序号，便于公文登记、分类、保存和查询。它由发文机关代字、年份、发文顺序号组成，用 3 号仿宋体字居中排布。机关代字，用 1~3 个汉字表示发文的机关。年份、发文顺序号用阿拉伯数字标注；年份应标全称，用六角括号"〔〕"括入；发文顺序号不加"第"字，不编虚位（即 1 不编为 01），在阿拉伯数字后加"号"字。如"国发〔2018〕6 号"，表示是国务院 2018 年制发的第 6 号文件。联合行文时，使用主办机关的发文字号。上行文的发文字号居左空一字编排，与最后一个签发人姓名处在同一行。

（6）签发人。签发人是指代表机关最后审核核准并签发公文的领导人姓名。上行文应当标注签发人姓名。其中，"请示"应当在附注处标明联系人的姓名和电话。由"签发人"三字加全角冒号和签发人姓名组成，居右空一字，编排在发文机关标志下空二行位置。"签发人"三字用 3 号仿宋体字，签发人姓名用 3 号楷体字。

如有多个签发人，签发人姓名按照发文机关的排列顺序从左到右、自上而下依次均匀编排，一般每行排两个姓名，回行时与上一行第一个签发人姓名对齐。

（7）版头中的分隔线。发文字号之下 4mm 处居中印一条与版心等宽的红色分隔线。

2. 主体部分。主体是公文的主要写作部分，包括标题、主送机关、正文、附件说明、发文机关署名、成文日期、印章、附注和附件等。

（1）标题。标题由发文机关名称、事由和文种组成。发文机关名称用全称或规范化简称；发文事由用"关于……的"介词结构表达公文的基本内容。标题应力求简明、扼要、醒目。如"国务院关于取消和下放一批行政审批项目的决定"（国发〔2014〕5 号）。根据具体行文的需要，标题中的发文机关名称、事由可以省略，但是文种必须保留。标题中除法规、规章和管理规章名称加书名号外，一般不用标点符号。一般用 2 号小标宋体字，编排于红色分隔线下空二行的位置，分一行或多行居中排布；回行时，要做到词意完整，排列对称，长短适宜，间距恰当，标题排列应当使用梯形或菱形。

（2）主送机关。公文的主要受理机关，俗称抬头。一般使用机关全称、规范化简称或者同类型机关统称。主送机关位于标题之下、正文之前，从左至右顶格标识，回行时仍顶格。如主送机关不止一个，应按其性质、级别和有关规定或惯例依次排列，若属于同一类别、层次的机关之间用顿号分隔，若是不同类别、层次的机关之间用逗号，最后用冒号。普发性的下行文，主送机关较多，一般使用泛称，如"各省、自治区、直辖市人民政府，国务院各部委、各直属机构"之类。上行文的主送机关一般是一个。公开发布的周知性公文如公告、通告、公报以及法规、规章等，可不写主送机关。编排于标题下空一行位置，居左顶格，回行时仍顶格，最后一个机关名称后标全角冒号。如主送机关名称过多导致公文首页不能显示正文时，应当将主送机关名称移至版记。

（3）正文。公文的核心部分，用来表述公文的内容，表明制发机关的行文意图。因各文件的发文目的不同，其写作要求也不同。正文的结构一般是由开头（或导语）、主体、结语三部分组成；有些特殊的格式只分事由与具体要求两部分。正文写法上应力求文字简练，观点明确，逻辑严密，文理通顺，标点符号准确等。一般用3号仿宋体字，编排于主送机关名称下一行，每个自然段左空二字，回行顶格。文中结构层次序号数依次可以用"一、""（一）""1.""（1）"标注；一般第一层用黑体字、第二层用楷体字、第三层和第四层用仿宋体字标注。

（4）附件说明。只适用于有附件的公文，用于说明附属于公文正件的其他文件或材料。包括公文附件的顺序号和名称。如有附件，在正文下空一行左空二字编排"附件"二字，后标全角冒号和附件名称。如有多个附件，使用阿拉伯数字标注附件顺序号（如"附件：1.××××"）；附件名称后不加标点符号。附件名称较长需回行时，应当与上一行附件名称的首字对齐。

（5）发文机关署名。署发文机关全称或者规范化简称。

（6）成文日期。用于表明公文开始正式发挥效用的时间。以会议通过或者发文机关负责人签发的日期为准。联合行文时，以最后签发机关负责人签发的日期为准。用阿拉伯数字将年、月、日标全，年份应标全称，月、日不编虚位（即1不编为01）。

（7）印章。印章是发文机关对公文生效负责的标识。公文除会议纪要以外，其他文种都应加盖印章。公文中有发文机关署名的，应当加盖发文机关印章，并与署名机关相符。印章用红色。单一机关行文时，一般在成文日期之上、以成文日期为准居中编排发文机关署名，印章端正、居中下压发文机关署名和成文日期，使发文机关署名和成文日期居印章中心偏下位置，印章顶端应当上距正文（或附件说明）一行之内。

（8）附注。附注是指公文印发传达范围等需要说明的事项。如有附注，居左空二字加圆括号编排在成文日期下一行。如"（此件发至县团级）"。

（9）附件。附件是指公文正文的说明、补充或者参考资料。附件应当另面编排，并在版记之前，与公文正文一起装订。"附件"二字及附件顺序号用 3 号黑体字顶格编排在版心左上角第一行。附件标题居中编排在版心第三行。附件顺序号和附件标题应当与附件说明的表述一致。附件格式要求同正文。如附件与正文不能一起装订，应当在附件左上角第一行顶格编排公文的发文字号并在其后标注"附件"二字及附件顺序号。

3. 版记部分。主要包括版记中的分隔线、抄送机关、印发机关和印发日期等。

（1）版记中的分隔线。版记中的分隔线与版心等宽，首条分隔线和末条分隔线用粗线（推荐高度为 0.35mm），中间的分隔线用细线（推荐高度为 0.25mm）。首条分隔线位于版记中第一个要素之上，末条分隔线与公文最后一面的版心下边缘重合。

（2）抄送机关。抄送机关是指除主送机关外需要执行或者知晓公文内容的其他上级、下级和不相隶属机关或单位。应当使用机关全称、规范化简称或者同类型机关统称。如有抄送机关，一般用 4 号仿宋体字，在印发机关和印发日期之上一行、左右各空一字编排。"抄送"二字后加全角冒号和抄送机关名称，回行时与冒号后的首字对齐，最后一个抄送机关名称后标句号。如需把主送机关移至版记，除将"抄送"二字改为"主送"外，编排方法同抄送机关。既有主送机关又有抄送机关时，应当将主送机关置于抄送机关之上一行，之间不加分隔线。

（3）印发机关和印发日期。印发机关指负责印制、发送公文的机关，通常是发文机关的办公厅（室）。印发日期指文件印制完成的时间，一般比成文日期晚。印发机关和印发日期一般用 4 号仿宋体字，编排在末条分隔线之上，印发机关左空一字，印发日期右空一字，用阿拉伯数字将年、月、日标全，年份应标全称，月、日不编虚位（即 1 不编为 01），后加"印发"二字。版记中如有其他要素，应当将其与印发机关和印发日期用一条细分隔线隔开。

4. 页码。页码是指公文页数顺序号。一般用 4 号半角宋体阿拉伯数字，编排在公文版心下边缘之下，数字左右各放一条一字线；一字线上距版心下边缘7mm。单页码居右空一字，双页码居左空一字。公文的版记页前有空白页的，空白页和版记页均不编排页码。公文的附件与正文一起装订时，页码应当连续编排。

（二）公文格式模板（详见本书附录二维码内）

示例一：

××市人民政府办公厅
关于同意建立××市市场监管部门间联席会议制度的函

市工商局：

　　《××市工商行政管理局关于建立××市市场监管部门间联席会议制度的请示》（×工商协〔2018〕191号）收悉。经市人民政府同意，建立由你局牵头的××市市场监管部门间联席会议制度。联席会议不刻制印章，不正式行文，请按照国家和省、市有关文件精神认真组织开展工作。

　　附件：××市市场监管部门间联席会议制度

××市人民政府办公厅
2018年7月7日

　　（摘自 http://www.gz.gov.cn/gzgov/s2812/201807/e232f14f5c17411ca17db30a0fb91c25.shtml，最后访问时间：2018年7月24日，有删改。）

示例二：

宁夏回族自治区教育厅

宁教函〔2018〕195号

自治区教育厅关于同意设立
XX县XX中学（有限公司）的函

XX市行政审批服务局：

　　你局《关于XX县XX中学（有限公司）设立的初审意见》（X审服发〔2018〕93号）及相关材料收悉。根据《中华人民共和国民办教育促进法》《中华人民共和国民办教育促进法实施条例》《教育部、人力资源社会保障部、工商总局关于印发<营利性民办学校监督管理实施细则>的通知》（教发〔2016〕20号）的有关规定，经专家组评估并经教育厅党组会审定，同意设立XX县XX中学（有限公司）。现就有关事项函告如下：

　　一、学校全称为"XX县XX中学（有限公司）"，简称为"XX县XX中学"。办学简称只限于学校牌匾、成绩单、学历证书、国际交流、招生广告和简章中使用，其中在招生广告和简章中使用时，应当在学校介绍中标注全称和营利性属性。

二、学校举办者为ＸＸＸＸ教育投资有限责任公司，办学地址为ＸＸ市ＸＸ县ＸＸ路西侧、ＸＸ路南侧，办学性质为民办营利性学历教育学校，办学层次为普通高中。学校业务主管部门为ＸＸＸ教育局，学校办学规模以业务主管部门核定为主，招生范围由学校与业务主管部门商定。

三、学校要依法及时到市场监管部门办理注册登记手续。学校举办者要依法履行出资义务，学校设立后要将投入学校的资产足额过户到学校名下，严格落实学校法人财产权。

希望你市及ＸＸ县教育局加强对ＸＸ县ＸＸ中学（有限公司）的指导和管理，督促学校全面贯彻党的教育方针，坚持社会主义办学方向，坚持民办教育公益性属性，严格依法办学，切实加强安全管理，不断完善办学条件，健全规章制度，确保教育质量，为社会培养更多的合格人才做出应有贡献。

自治区教育厅

2018 年 7 月 17 日

抄送：ＸＸ市教育局、ＸＸ县教育局。

（摘自宁夏回族自治区教育厅网站，http://www.nxedu.gov.cn/sviewp/766E79D7－6B3C－4204－8C1C－0E2DFD8E373F，最后访问时间：2018 年 8 月 13 日，有删改。）

示例三：

宁夏回族自治区

教 育 厅 文 件

宁教发〔2018〕18号

_____

自治区教育厅关于2017年全区教育
精准扶贫工作考核结果的通报

各市、县（区）教育局：

根据《宁夏教育精准扶贫工作考核实施方案（试行）》（宁教发〔2016〕219号）和相关工作部署，自治区教育精准扶贫工作领导小组依据各地上报的工作总结以及平时工作调研、检查、督查等掌握的情况，对签订教育精准扶贫目标责任书的9个县（区）教育精准扶贫工作进行了考核。现将考核结果通报如下：

XX县98.74分，XXX区98.04分，XX县98.00分，XX区97.07分，XX县97.03分，XX县96.84分，XX县96.50分，XX县96.48分，XX县95.64分。

希望各县（区）进一步提高对教育精准扶贫工作的认识，正确对待考核结果，总结经验，寻找差距，充分发挥目标责任考核的激励和导向作用，精准施策，扎实推进教育精准扶贫工作，为打赢全区脱贫攻坚战贡献力量。

自治区教育厅

2018 年 2 月 12 日

抄送：各市、县（区）人民政府。

宁夏回族自治区教育厅办公室　　　　　2018 年 2 月 13 日印发

（摘自宁夏回族自治区教育厅网站，http：//www.nxedu.gov.cn/sviewp/D736045C－4311－40A7－816D－3449D6A9483B，最后访问时间：2018 年 8 月 13 日，有删改。）

示例四：

宁夏回族自治区总工会文件
宁夏回族自治区教育厅文件

宁工办发〔2018〕28 号

关于宁夏第六届全区高校青年教师
教学竞赛结果的通报

各高等院校：

为深入学习贯彻习近平新时代中国特色社会主义思想和党的十九大精神，认真落实中共中央、国务院《关于全面深化新时代教师队伍建设改革的意见》，进一步加强师德建设，提升广大高校青年教师的教学能力和业务水平，自治区总工会、教育厅于2018年5月至6月期间联合举办了第六届全区高校青年教师教学竞赛。

1

全区 17 所高等院校 1613 名青年教师参加了竞赛活动，竞赛分文科、理科、工科和思想政治课专项组，竞赛内容包括教学设计、课堂教学、教学反思三个方面。各院校经预赛、复赛、决赛，最终选拔出 57 名选手参加自治区高校青年教师教学竞赛决赛。经竞赛评委会评审，XXX 等 6 名选手分获文科组一、二、三等奖，XX 等 6 名选手分获理科组一、二、三等奖，XX 等 6 名选手分获工科组一、二、三等奖，XXX 等 6 名选手分获思政组一、二、三等奖，其他参赛选手获得优秀奖。XXXX 大学、XXX 学院、XXXX 职业技术学院分别荣获竞赛团体总分一、二、三等奖，XXXX 大学等 8 个单位荣获竞赛优秀组织奖。现对以上获奖个人和集体予以通报。

本次竞赛活动在全区高等院校掀起了练本领、学技能的高潮，展示了选手良好的职业道德和教学水平。为表彰优秀获奖选手，自治区总工会将在一等奖获得者中推选出一名符合条件教师按照程序申报自治区"五一"劳动奖章，竞赛获奖项目可作为教师职称评聘的参考依据。希望获奖教师在今后的工作中再接再厉，发挥模范带头作用，在教育教学领域不断取得新的成绩。希望全区广大教师以他们为榜样，立足本职，勇于创新，刻苦钻研，夯实基础，努力提高自身素质和教学水平，为我区教育事业发展做出新的更大贡献。

2

附件：第六届全区高校青年教师教学竞赛获奖名单

宁夏回族自治区总工会　　　　宁夏回族自治区教育厅

2018 年 7 月 13 日

宁夏回族自治区总工会办公室　　　　　2018 年 7 月 16 日印发

3

（摘自宁夏回族自治区教育厅网站，http：//www. nxedu. gov. cn/sviewp/D736045C –
4311 –40A7 –816D –3449D6A9483B，最后访问时间：2018 年 8 月 13 日，有删改。）

模块三　实训练习

一、填空题

1. _____是文章具体内容所表达的最主要和最基本的思想。

2. 文章材料的选择标准有四个，材料要_____、材料要_____、材料要新颖、材料要_____。

3. 党政机关公文根据行文方向可以分为上行文、_____和_____三种。

4. 党政机关公文是党政机关实施领导、履行职能、处理公务的具有_____和_____的文书，是依法行政和进行公务活动的主要工具。

5. 党政机关公文各要素划分为版头、主体、_____三部分。

6. 现行的《党政机关公文处理工作条例》中包括_____种类公文，具体是_____、_____、_____、_____、_____、_____、_____、_____、_____、_____、_____。《条例》自_____起正式实施。

7. 党政机关公文的标题一般由_____、_____、文种组成。

8. 在党政机关公文中，_____是一种典型的平行文。

9. 公文标题中的事由多以_____的介词结构形式出现。

10. 用于表彰先进、批评错误、传达重要精神和告知重要情况的公文是_____。

11. 用于向上级机关汇报工作、反映情况，回复上级机关的询问的公文是_____。

12. 用于发布、传达要求下级机关执行和有关单位周知或者执行的事项，批转、转发公文的公文是_____。

13. 采用比喻的说法，可以说主题是文章的_____，材料是文章的_____。

14. 从材料的来源分，材料可分为_____和_____。

15. 主题在文章中起统帅的作用，它决定着材料的_____。

二、单项选择题

1. 党政机关公文的作者是指（　　　）。

A. 公文的撰拟者　　　　　　　　B. 公文的印制者

C. 公文的签发者　　　　　　　　D. 法定的机关或组织

2. 公文中的成文日期应写为（　　　）。

A. 2018.6.10　　　　　　　　　B. 二零一八年六月十日

C. 二〇一八年六月十日　　　　　D. 2018 年 6 月 10 日

3. 《丽水饭店关于……的请示》的作者是（　　　）。

A. 丽水饭店　　　　　　　　　　B. 丽水饭店人事部

C. 签发人王总经理　　　　　　　D. 丽水饭店全体职工

4. 在所有党政公文中，只有（　　　）不需要加盖印章。

A. 函　　　　　B. 纪要　　　　　C. 批复　　　　　D. 报告

5. 申请书和（　　　）一样必须是一文一事。

A. 意见　　　　　B. 报告　　　　　C. 通告　　　　　D. 请示

6. "为维护学校秩序，保持校园整洁，特作如下规定"，文件的这种开头称为（　　　）。

A. 根据式　　　　　B. 目的式　　　　　C. 概括式　　　　　D. 提问式

7. 下列语句表述正确的是（　　　）。

A. 除公交车和轿车外，其他机动车辆白天一律不得进入市区

B. 车辆停放一律要在指定地点，途中临时停车不得超过 5 分钟

C. 严禁在道路两侧摆摊设点

D. 服从交通执勤人员管理

8. 公文写作中所采用的论证方法，主要有例证法、（　　　）、因果法。

A. 论述法　　　　　B. 分析法　　　　　C. 对比法　　　　　D. 实证法

9. 下列哪种情况不可以采用越级行文的方式（　　　）。

A. 情况特殊紧急

B. 需要检举、控告直接上级机关

C. 某市国家税务局为适应市场经济发展的需要，拟在办公大楼原址建一座具有一定规模的办税大厅，为此，决定向上级机关致文请求批准

D. 财政部致文某某地区财政局要求调查该区某特殊事件的情况，该区财政局调查清楚后向财政部行文报告

10. 某主送相同级别机关的函的请求事项写道："《××市机动车辆纳税手册》的收取标准拟为 5 元/册；《临时税务登记证》的收取标准拟为 2 元/份（含登记表、资料费、打印费）。特向贵局申请核定收费标准并发给《收费许可证》，请予支持。"从语言表述的角度看，这个请求事项写得（　　　）。

　　A. 抽象空洞　　　　　　　　　　B. 含糊不清

　　C. 具体明确　　　　　　　　　　D. 繁杂琐碎

11. "下面，我从五个方面向领导和同志们述职，请予以批评指正"一句在文中的作用是（　　　）。

　　A. 总结上文　　　　　　　　　　B. 提起下文

　　C. 过度照应　　　　　　　　　　D. 承上启下

12. "三是讲团结，即带头做到互相支持不争权，互相信任不猜疑，互相尊重不刁难"，这里使用的修辞手法是（　　　）。

　　A. 象征　　　　B. 比喻　　　　C. 夸张　　　　D. 排比

13. 对"李国玉是一个爱学习、肯钻研的人"分析正确的是（　　　）。

　　A. 运用了说明　　　　　　　　　B. 运用了议论

　　C. 运用了描写　　　　　　　　　D. 运用了抒情

三、多项选择题

1. 在应用文的写作中，语言要（　　　）。

　　A. 准确　　　　B. 简练　　　　C. 优美　　　　D. 得体

2. 文章的结构包括（　　　）。

　　A. 开头　　　　B. 结尾　　　　C. 层次　　　　D. 过渡

3. 下列属于报告适用范围的是（　　　）。

　　A. 向上级机关汇报工作

　　B. 向上级机关反映工作中出现的新情况、新问题

　　C. 答复上级机关的询问

　　D. 向上级机关就某项工作提出请求或帮助

4. 党政机关公文的发文字号组成要素有（　　　）。

A. 文种　　　　　　　B. 事由　　　　　　　C. 机关代字

D. 年份　　　　　　　E. 顺序号

5. 下面文种属于党政机关公文的是（　　　）。

A. 关于举行"我心中最美党员"征文比赛活动的启事

B. 政府工作报告

C. 关于制止乱砍滥伐森林的通知

D. ××市交警队关于4·26特大交通事故的情况通报

6. 关于应用文的特点，以下表述正确的是（　　　）。

A. 内容上的实用性　　　　　　　　　B. 形式上的程式性

C. 时限性　　　　　　　　　　　　　D. 简明性

7. 应用文的语言表达方式主要有（　　　）。

A. 叙述　　　　　B. 说明　　　　　C. 描写　　　　　D. 议论

8. 应用文书选择材料需符合（　　　）的要求。

A. 真实　　　　　B. 准确　　　　　C. 鲜明　　　　　D. 生动

9. 党政机关公文具有以下特点（　　　）。

A. 法定的作者　　　　　　　　　　　B. 规范的体式

C. 制发具有程序性　　　　　　　　　D. 特定的效力

10. 党政机关公文中（　　　）都属于上行文。

A. 请示　　　　　B. 函　　　　　C. 命令　　　　　D. 报告

四、判断题（对的打"√"、错的打"×"）

1. 在党政机关公文标题的写作中，不能省略的部分是事由。（　　　）

2. 一般可以越级请示和报告。（　　　）

3. 向上级机关行文，原则上主送一个上级机关，根据需要同时抄送相关上级机关和同级机关，不抄送下级机关。（　　　）

4. 上行文应当标注签发人姓名。（　　　）

5. 公文中有发文机关署名的，应当加盖发文机关印章，并与署名机关相符。有特定发文机关标志的普发性公文和电报可以不加盖印章。（　　　）

6. 意见适用于对重要问题提出见解和处理办法。（　　　）

7. 下行文也应当标注签发人姓名。（　　　）

8. 文中结构层次序数依次可以用"一、""（一）""1""（1）"标注。（　　　）

9. 成文日期用阿拉伯数字将年、月、日标全，年份应标全。（　　）

10. 在应用写作中，文章的结构也相当重要，既要按照逻辑思路安排材料，也要讲究材料的均衡性。（　　）

五、思考简答题

1. 应用文有哪些特点？与文学作品有什么不同？

2. 你认为应该从哪几个方面来修改应用文？

六、阅读分析题

1. 2015 年 4 月 14 日上午，一封辞职申请引发热评，辞职的理由仅有 10 个字：世界那么大，我想去看看。请大家讨论，从各个角度谈谈你对这份申请书的看法。

辞职申请

世界那么大，我想去看看。

×××

2015. 4. 13

2. 试指出以下公文在格式和内容方面存在的问题。

××市府公文　　　　　　　　　　　　　　　　（紧急）

（13）××市府发 24 号

××市人民政府严厉打击非法出版活动的通知

当前，我市一些地方非法出版活动十分猖獗，传播有害书刊和音像制品。这类出版物内容腐朽，大量宣传凶杀、色情和迷信，对群众特别是青少年的身心健康危害极大，严重地影响了社会主义精神文明的建设，破坏了社会安定，已成为社会一大公害。对此，各级政府应采取有力措施，严厉打击非法出版活动。现将有关事项通知如下。

（以下略）

附件：如文

二〇一三年×月×日
××市人民政府

报：（单位略）

送：（单位略）

二〇一三年×月×日　　　　　　　　　×市人民政府办公厅印（共印 **400** 份）

应用文写作基础知
识概述实训答案

中　篇
常用应用文写作实训

模块一　计划类应用文写作实训

项目一　计划写作实训

青山职业学校一年一度的学生会换届选举开始了，经过层层选拔，田力同学过关斩将，最终以95%的选票胜出，在赞美声中田力成为新一届学生会主席。校团委马书记对田力说："首先向你表示祝贺！请你抓紧时间把这学期学生会的工作计划写好，下周二交给我，可以吗？"田力答道："好的，我尽快完成。"

说起来轻松，做起来可不那么顺利。田力在网上浏览了很久，还是不知如何下笔，想找上一届的学长帮忙，可惜他们已到外地实习去了。

田力如何制订出切实可行的计划呢？请你来帮一帮他。你认为这份计划中必须交代清楚的内容有哪些？请填在下面表格中。

缘由、根据 （为什么做）	任务、目标 （做什么）	措施、方法 （怎么做）	步骤 （具体怎么做）

 练一练

一、文种模板

标题	单位名称＋时限＋内容＋文种名称（时限＋内容＋文种名称）
正文	根据××××，为了××××，结合实际特制订××计划如下： 一、目标（交代工作的指导思想、工作原则、总体目标或要求、背景、缘由等） ××××××××××××× 二、措施（方法）和步骤（分条逐项列出工作任务、工作步骤等） （一）×××××× （二）×××××× （三）×××××× …… 三、要求 ×××××××××××××
落款	××××（制订计划单位） ×年×月×日（成文日期）

二、写作提示

计划是单位、部门或个人为了完成某项工作或任务而事先拟订目标、措施、步骤、要求的一种事务文书。

（一）写作结构

计划通常由标题、正文、落款三部分构成。

1. 标题。标题有五种写法：

种类	格式	举例
完全式标题	单位 ＋ 时限 ＋ 内容 ＋ 文种	××公司×年营销工作计划
非完全式标题	时限 ＋ 内容 ＋ 文种	×年公安干警警衔培训工作计划
	单位 ＋ 内容 ＋ 文种	××公司××产品营销计划
	内容 ＋ 文种	毕业生就业工作计划
	事由 ＋ 文种	关于进一步加强城市卫生管理工作的计划

2. 正文。一般包括开头、主体、结尾三部分。

（1）开头。简明扼要地交代制订计划的目的或基本情况。常用"为了（根据）……"开头，用"为此，特制订计划如下""现将计划制订如下"等过渡到下文。

（2）主体。主体包括计划的目标和任务、实施办法和措施、完成时间和步骤。其中，目标和任务（做什么）是计划的核心内容；办法和措施（怎么做）是完成目标和任务的保证；时间和步骤（何时完成）是什么时间完成哪些任务的具体安排。

（3）结尾。说明计划的执行要求；也可提出希望或号召。也可省略不写。

3. 落款。写清制订单位，并注明成文日期。

（二）写作要求

1. 要切实可行。把预测性和可行性很好地结合起来。计划的目标不能定得太高或太低，要坚持实事求是、切实可行。

2. 要明确具体。计划的目标、任务、措施、步骤程序等都要写得明确具体，切忌含糊不清、模棱两可。

3. 要突出重点。计划的目标和任务、措施方法可能有多个，计划的制订需突出重点目标，突出主要任务，保证以点带面，忌眉毛胡子一把抓。

4. 要防患于未然。计划是在工作实施前制订的，是对工作的目标、措施、方法、步骤及可能出现的情况做出的预想，制订计划要预先想到实行中可能出现的问题并拟定必要的防范措施或补救办法。

5. 要简明扼要。只需说明为什么做，做什么，怎样做，做到什么程度，由谁负责做就可以了。

三、任务实施

请你查阅相关资料，了解学生会的工作内容，根据写作模板及写作提示试着帮田力同学写一写这份工作计划。

改一改

请指出这份计划中存在的问题，并谈谈如何修改。

10 月份工作计划书

送走九月，迎来十月，十月的到来，使四周弥漫着喜悦的气息，红色十月，有国庆、重阳等重要节日及一些平时不被我们关注的小节日在这月集会，注定十月将是我们繁忙的一月，于是制订了以下合理的本月工作计划，以保证本月的工作顺利进行，本计划如下：

常规工作：

1. 抓好各部门常规工作，使各部门工作有序进行。

2. 招新工作已经结束，在这个月中我们将重点着手培养部门新干事对工作的态度以及办事的能力培养。

3. 每周定期召开部门例会，加强各部门之间的交流，并做好下一周的工作安排。

4. 组织检查校园公共区域的卫生工作，并要求各系部青年站切实管理好各自负责的区域。

5. 对全院的大一新生进行图书卡的办理，并对新生进行图书室注意事项进行培训，并做好图书室的值班工作。

活动方面：

1. 积极协助院上精心准备的"迎新送老"的文艺活动，使活动能圆满地完成。

2. 重阳节组织学生干部到烈士陵园扫墓。

3. 以节约粮食为主题开展一系列活动。

金秋十月，是收获的季节，我们将认真负责地完成各项工作，达到预期的目的，让参与活动的同学们都有所收获，丰富同学们的课外生活。

看一看

请评析下列例文，谈谈你的观点和看法。

示例一：

<h2 style="text-align:center">××大学师范学院学生会秘书处
×年度第二学期工作计划</h2>

新学期伊始，秘书处将继续秉承"拓宽信息渠道，沟通学校与同学"的工作原则，做好本职工作，开展特色活动，协助各部门的工作，丰富同学的业余生活，具体工作计划如下：

一、常规工作

充分发挥桥梁和纽带的作用，协调各个部门办好各类大型的活动。恪尽职守，做好本职工作。

1. 及时收发学生会各部的月计划和总结，分发学生会各部门活动的文件。

2. 及时收集、整理和制作学生会工作简报，为主席团及各部门提出正确、及时的学生会信息，完善学生会的运行系统。

3. 认真整理各项档案资料，为学生会的档案建立和完善打下基础。

4. 认真记录部长例会及其他重大会议的会议记录，便于学生会各项工作的总结和思考。

5. 及时传达主席团与各部门以及部门与部门之间的信息，加强学生会各部门，以及学生会和广大同学之间的联系。

6. 认真接待领导及外部来宾的来访，认真准备接待材料，提高学生会的整体形象和工作成绩。

7. 及时向校党委和校团委的各个职能部门领导汇报工作，使他们充分地了解学生会的各项工作。

二、重点工作

新学期，秘书处将围绕"五四运动"九十周年、建国六十周年等主题，开展一系列校园活动，丰富同学们的校园生活。

（一）进行各系学生会考核工作

这是本学期秘书处工作的一项重要任务，也是秘书处长久以来负责的一项工作。对于本次考核工作，我们要做到细致认真、公平公开，以实现促进各系学生会工作。

（二）开展"中华传统美文诵读大赛"活动

在"五四"活动九十周年和建国六十周年之际，开展"中华美文诵读大赛"，歌颂在党的领导下，我们的生活发生翻天覆地的变化，在锻炼同学们朗诵能力的同时进行爱国主义教育。

（三）开展"毕业歌会"活动

又是一年毕业时，在这里，我们以歌声的形式送走那些在这个校园里生活了四年的师哥师姐们，用歌声送上我们的祝福。秘书处会积极配合学生会的其他部门，共同办好这次活动，给大四的同学留下一段美好的回忆。

我们秘书处将不负众望，继续努力，做到最好。

××大学师范学院学生会秘书处

×年×月×日

示例二：

××市公安局×年工作计划

×年，全市公安工作的总体思路是：深入学习贯彻党的十八大和十八届三中、四中全会，中央和省市政法工作会议、全省市公安局长会议精神，以深化改革为动力，以法治建设为保障，深入推进"四项建设"，按照"平安××"、"平安警队"互为保障、互相促进的思想，努力"创全国公安一流业绩，建全国公安一流警队"，为我市经济社会发展创造安全稳定的社会环境和公平正义的法治环境。

一、狠抓全民创安，确保平安目标实现

紧紧围绕市委、市政府创建"全国最平安城市"目标，贯彻落实"全民治安"理念，狠抓基层创安工程，力争全市刑事案件降幅"保二争三"（确保下降两成、争取下降三成）。一是大力推进"平安出租屋"建设。在继续开展平安校园、平安公交等19类"平安细胞"创建，巩固"无三害、无医闹"城市创建成果的同时，重点推进"平安出租屋"建设。以"房屋100%备案、人员100%登记、隐患100%发现、问题100%整改"为目标，全面加强出租屋摸底排查，主动牵头整合基层力量，建立网格巡查、综合执法两支队伍，及时发现各类安全隐患并落实整改，实现网格化、精细化管理；全面推广信息化门禁系统，整合建立符合当地实际和有关标准的信息系统平台，实现常态化管理；广泛发动群众参与，落实经营者的主体责任，引导行业自律，实现全民治理。二是严格落实基层禁毒工作责任。按照"六个全"要求，全面推行"逢嫌必检、酒毒同检"工作，倡导推进"招工必检、重点行业必检"验毒措施，全力挖掘涉毒线索。积极推进美沙酮药物维持治疗延伸服药点建设，推广完善"公安＋社工＋义工"社区康复帮教新模式，各镇区要以社区康复人员20：1的比例配备禁毒社工。充分发挥百万禁毒志愿者队伍正能量，深入开展禁毒大宣传，推动无毒创建全民参与。三是切实加强公共安全管理。牢固树立"安全工作无小事"理念，全方面推进消防安全隐患大排查，严格落实消防主体责任，全力预防重大火灾事故。深入开展道路交通安全防控体系建设，严厉打击突出交通违法行为，确保道路安全形势持续平稳。

二、狠抓专项打击，维护治安大局稳定

各级公安机关要以"3＋2"专项行动为龙头，主动出击、打出声威，带动整体打击效能的提升，坚决维护治安大局稳定。一是扎实推进"3＋2"专项行动。市公安局于 1 月 21 日召开了"3＋2"专项行动部署会，对专项行动提出了明确要求，并将于今天下发全市"3＋2"专项行动总体方案。各级公安机关要按照总体方案要求，认真总结去年"六大专项"打击的成功经验，结合实际、认真谋划，坚持问题导向、民意导向、主动进攻。要认真研究上级工作方案和考评办法，细化工作任务，明确完成时限，力争多破案、破大案；要加强宣传、扩大声势，争取广大市民群众的支持。二是强化刑侦基础建设。加快整合各类信息研判系统，打造一体化情报应用体系，实现精确研判、高效打击。加强基层刑事技术室建设，加大破案投入力度，落实"一长四必"现场勘查新机制，加强基础信息采集、录入、比对和应用。三是不断优化打击模式。按照"警种协同、上下联动"的思路，以五大警务协作区为单元，建立全市打击刑事犯罪五大合成作战室，形成"扁平化指挥、统一研判、整体打击"的高效集约作战模式，着力构建"重特大个案"和"系列性案件"两大合成作战体系。

三、狠抓"四项建设"，提升警务实战能力

"四项建设"是当前和今后一段时期的公安工作重心。全市公安机关要以"全面深化改革"为动力，立足当前、着眼长远，扎实推进"四项建设"，力争"每年有进步、三年大提升"。在基础信息化方面，加快建设市局信息中心云服务平台和部门间共享平台，加强信息采集共享，深化信息资源整合，为警务实战提供强有力的信息支撑。加快推进社会治安视频高清改造及"村村通视频"建设，完善视频监控网络。深化"大情报"建设，推进情报信息研判分析，提升实战应用水平。在警务实战化方面，推进"1＋1＋24＋N"立体化防控体系建设，即依托"1"个综合指挥中心，构建"1"个主要由巡警支队负责的环××防控圈，镇区分局组成"24"个实战防控单元开展动态巡控，巡防队员负责对"N"个村（居）网格及网格内"人、屋、车、场、网、会"等治安要素开展常态巡查，形成立体化防控机制。在全市（除城区外）推广"一级接警、一级处警"模式，建立完善集"电子地图、卫星定位、视频应用和无线对讲"等功能于一体的可视化、扁平化指挥平台，提升实时指挥效能。大力开展"实战化训练推动年"活动，积极构建实战训练体系。在执法规范化方面，不断完善执法制度，制定出台各类执法规范指引。健全法制员案审制度，落实刑事案件统一审核、统一出口，实现法制部门对执法办案全流程、全方位监管。建立以执法巡查、网上巡查、"飞行临检"为主的执法质量考评新模式以及执法权力清单和责任清单制度，加强执法责任考评和问责。在队伍正规化方面，深入开展"抓党建、带队伍、促工作"主题活动和"增强党性、严守纪律、廉洁从政"教育活

动、创新思想政治工作机制，增强公安民警的忠诚意识和为民意识；加快推进干部人事制度改革，逐步完善岗位锻炼和交流机制，建立健全"1＋1＋9"警务辅助力量管理体系，积极推进"粤警创新"大赛，激发民警创新活力。巩固群众路线教育实践活动成果，大力开展"民意主导警务"，聚焦群众呼声，完善服务措施，不断密切警民关系。深化"每月一星"典型选树模式，继续推出具有较大影响的先进典型，不断提升公安队伍形象。大力推进文化育警战略，强化公安文化建设，努力在队伍正规化建设方面走在全省乃至全国前列。

四、狠抓制度体系建设，确保××警队平安

全力推进全市公安机关党风廉政建设，将×年确定为"构建体系年"，围绕"毒赌黄"查处、取保候审、伤害案件办理等 10 个执法重点领域，按照"全方位、全过程、全规范、全公开、全监督、全追责"的要求，加快构建完善权力运行廉政风险防控体系，基本实现执法用权"不能腐"。联合市检察院继续完善预防职务犯罪工作机制，大力推进"防止利益冲突"工作，全面推开"廉洁派出所"创建，加强廉政文化建设，提升民警的拒腐防变能力。坚持定期、不定期开展督察审计和暗访检查，确保内部监督落实到位。

全市公安机关和广大民警要在市委市政府和省公安厅的正确领导下，开拓创新、攻坚克难，提振精神、真抓实干，全力以赴完成年度目标任务，全力以赴确保社会稳定，为幸福和美××建设做出新的更大贡献！

××市公安局

×年 12 月 25 日

（摘自 http://www.gdzs110.gov.cn，最后访问时间：2018 年 4 月 25 日，有删改。）

项目二　安排写作实训

想一想

时间过得飞快，学生会主席田力已联系到青宁区公安局某派出所实习。一天，李所长把所里 9 月份的主要工作罗列了出来，交代田力根据罗列事项拟写工作安排。所里常规工作有接处警、案件查处、辖区消防安全、队伍建设等；重点工作有局里安排的"大收戒"专项行动、"打盗抢、破毒案"专项行动；还有两项任务："大庆安保"工作、社会信息采集工作等。田力根据安排的写作要求，梳理了安排中必须交代清楚的内容。

你认为这份安排中必须交代清楚的内容有哪些？请你写在下面的表格中。

任务（目标）	措施（步骤）	具体要求

一、文种模板

标题	××××（单位名称）关于××××的安排
正文	为了××××（目的）或（根据××××），特（现）将××××工作安排如下： 　　一、工作任务（目标） 　　二、安排事项（措施） 　　1.××××××××× 　　2.××××××××× 　　3.××××××××× 　　三、要求 　　1.××××××××× 　　2.××××××××× 　　3.×××××××××
落款	××××（单位名称） ×年×月×日（成文日期）

二、写作提示

安排是对未来短期内需要做的工作或者完成的某项任务进行布置，提出具体措施和要求的一种计划类应用文。它是内容更为具体、单一的计划。

（一）写作结构

1. 标题。一般由"发文机关＋事由＋内容"构成，如《中共××市委关于深入学习××精神的安排》。

2. 正文。事项、工作内容不同，安排正文写法也各有不同。一般包括以下几部分内容。

（1）开头。对某一事项或者工作进行安排的目的、依据等。有时，也会引出具体安排事项。本段结束时，一般要用到过渡句，如"现将具体工作安排如下"。

（2）主体。安排的核心部分。一般包括主要内容、具体措施和要求等。

主要内容。安排的主要工作事项、任务等。一般主要内容较单纯，做到布置工作、任务要具体、清晰、明确。可用表格或分条列项进行呈现。

措施要求。针对所安排的事项，提出具体可行的措施和要求。表述时，语言要肯定、准确，少用弹性可变的语言，不要留有较多余地，以免执行落实时发生分歧。

安排结尾，一般是正文结束，自然结尾，无需赘言。这也是安排行文单纯、重点突出的一种表现。

3. 落款。写清制订单位，并注明成文日期。

（二）写作要求

1. 内容比较单一。安排中的事项比较单一，往往仅局限于某一项活动、工作内容。安排事项要重点突出，文字简练，条理清楚，语言肯定。

2. 措施比较具体。安排中的措施要具体，切合实际，操作性强，实施过程中一般变动不大。

3. 时间较短。俗话说"长计划，短安排"，可见，安排的时间要求比较短，有的为"日"安排，有的为"周"安排，有的为"月"安排，有的为不长的"一段时间"安排。安排的时限往往适用于近期工作。

4. 简明扼要。安排要简明扼要，开宗点题，忌大谈其意义，应直截了当进入正文。

三、任务实施

请你查阅相关资料，了解派出所的工作内容，根据写作模板及写作提示试着写一写这份工作安排。

改一改

田力起草了一份工作安排。请你帮他看看是否符合要求，并谈谈如何修改。

2015 年 9 月份工作安排

9月份我所工作的指导思想是：紧紧围绕贯彻落实市局会议精神，深化政法干警核心价值观教育实践，深入推进规范化建设，按照市局党组的要求，在分管局长的领导下，紧紧围绕公安工作的核心任务和重点工作，以"打造和谐警务，维护辖区治安"为主要目标，树立"三先"理念，以三创为载体，全力打造八大警务，着力提升社会和谐度、社会治安掌控度和社会群众满意度，努力做好人民公安的职责工作。我所总体目标：一、严厉打击违法犯罪 维护一方治安；二、全力打造民生警务、和谐警务；三、做好各类影响稳定的情报信息收集预警；四、推进执法规范化建设，严厉打击违法犯罪，全面维护辖区的社会治安稳定。以"立警为公，执法为民"为己任，继续深入开展严打专项斗争，严厉打击各类刑事犯罪活动，确保社会治安稳定，秩序良好，刑事案件呈现"两降一升"的良好局面，还要坚持"政治强警"的方针，努力提高民警队伍素质，努力树立公安机关的良好形象，力求做到让人民满意。为此，我们将着重抓好以下几方面的工作：

一、队伍建设方面：

1. 全面贯彻实施"五条禁令"和"大练兵"活动，提高队伍思想、业务、身体等方面的素质，以人为本，科学考核、团结协作，建立健全大练兵活动的长效机制，充分调动民警的工作积极性和主观能动性，解决"打不赢、追不上、说不过、写不出"的问题，强化练习，增强体质，提高业务素质，以"立警为公，执法为民"的理念，不断提高队伍的战斗力。

2. 进一步健全支部的理论学习和民主生活等制度，充分发挥党支部的战斗堡垒作用和党员的先锋模范带头作用，以调动民警工作的主动性和积极性，充分发挥民警的主观能动性和创造性，严格执行廉政规定和从政行为规范。

3. 加强宣传工作，开展以"与时俱进、品牌创新"为主要内容的活动，树立人民警察良好形象。在9月份，我所要按照县局宣传工作重点的要求，深入创建"青年文明号""青少年维权岗"等活动。把预防青少年犯罪和警民共建，作为基层公安机关的一项重要工作内容，为辖区营造良好的社会秩序，为校园师生营造良好的学习环境，以争创国家级"青年文明号"为目标，开拓新思路。

4. 完善制度，严格考核，落实到位，监督得力。我所要坚决按照县局制定的各项规章制度执行，认真组织全所民警学习领会，让每个民警认识到，人与制度并轨；在工作中，还要细化、量化考核标准，坚持每日考评，作到标准统一，奖惩兑现，充分调动全所民警的工作积极性和主观能动性。

二、严密治安日常管理，维护辖区治安稳定和社会稳定，强化打击力度。

1. 基础工作是作好派出所各项业务工作的基础，首先我所始终把人口管理工作作为派出所各项工作中的重中之重。针对我所面积大，人口多，警力不足的实际特点，在所领导的指导下，倾全所之力抓户籍工作，彻底扭转户口工作被动局面，严格执行户籍政策，对手续不全的，坚持做到"把关严"，加大对户籍民警人口熟悉工作的考核力度，加强对常住人口的管理，还强化对流动人口的管理，对辖区内的出租房屋进行清理整顿，并逐一签订治安责任书，还对其进行统一录入微机建档管理。

2. 竭力侦破现行案件，挖掘隐积案件，全力开展协破案件工作，加大追逃力度，力争完成全年刑侦任务。在9月份，我所刑侦民警要在以××为中队长，××为副中队长的带领下，达到完成破案90件，打击40人，辖区可防性刑事案件比8月份有所下降，竭力侦破现行案件，隐积案件，全力开展协破案件工作，网上追逃达30以上，配合市局、县局侦破"8·11"石刻被盗案和"10·30"抢劫杀人案。

3. 加强执法质量力度。加强民警的业务学习和培训，努力提高执法质量和执法水平，使执法质量水平有很大的提高。

4. 坚持"打防结合，标本兼治"的方针。加大打击力度，有效地预防控制犯罪的发生，确保辖区稳定。我所继续加大对校园周边治安环境的整治力度，有效地维护校园周边的秩序环境，确保广大师生的安全。一是认真做好法制副校长、辅导员的培训工作，要求法制副校长、辅导员协助学校开展法制宣传教育，提高广大青少年守法意识和自我防范能力，并建立预防青少年违法犯罪的防控机制，把安全社区建设向校园延伸。

5. 强化辖区建设，营造良好氛围。本月我所加强社区管理力度，集中清理整顿辖区内的娱乐场所，并继续与业主签订了娱乐场所管理责任书，还要把安全防危工作和安全事故作为头等大事来抓，确保辖区企业无重大安全事故发生，对××煤矿、砖厂等重点检查，同时还要对辖区内三级防火单位定期安全防火检查，对发现的火险隐患及时下达整改责任书。

6. 加强民警公仆意识，努力搞好窗口工作。把辖区四镇群众办理户口、身份证等服务工作做好，以"人民满意"为宗旨，为群众提供良好的服务条件，并强化接处警工作，做到快速反应。一是对待群众求助积极主动，热心解决；二是对待群众报案责任心强、快结快处，杜绝"门难进、面难看、话难听、事难办"和"冷、硬、横、推"等现象，进一步落实便民利民措施。

7. 同时，今年加强对我辖区的"治保会"进行不定期的培训，以促进辖区治安秩序的良好发展。

8. 认真做好安全保卫工作,落实好辖区党政部门、金融单位、重点企业等大型活动的安全保卫工作,确保无重大事故或案件发生。

三、以《派出所等级评定办法》为标准,抓好工作,使派出所上一个新的台阶。

1. 组织学习、认真领会、落实责任。

组织全所民警学习《公安派出所等级评定办法》的实施细则,明确工作内容及重心,进一步细化工作,把等级评定落实每个民警,使派出所评定能上一个新台阶。

2. 抓好档案管理工作。

用对历史负责,服务现实斗争的态度抓好档案工作。注意平时档案的收集、积累和整理,充分做到不留死角,安全入库,而且分类正确,期限准确,保管完好。

3. 积极开展警民共建活动。一是搞好警企、警校的共建活动;二是开展扶贫送温暖和"四走进"活动,进一步密切警民关系,我所继续帮助辖区的两个特困户,用实际行动树立起新时期人民警察的良好形象。

4. 对治保人员进行培训,大力开展群众工作,充分发挥治保人员协助辖区派出所的治安工作。

5. 实行警务公开,接受群众的监督。让群众给我们自己打分,做到让人民满意。

9 月份我所的工作任重道远,全体民警一定齐心协力,团结在所领导一班人周围,在县局党委领导的指导下,尽心尽职,努力拼搏,开拓进取,切实保一方平安,为真正做到为人民服务而努力奋斗,力争实现即定的工作任务和目标。

(来源于 http://www.doc88.com/p-075800515651.html,最后访问时间:2018年 7 月 12 日。)

请评析下列例文,谈谈你的观点和看法。

示例一:

××学院关于三月份第一次政治学习的安排

深入学习习近平新时代中国特色社会主义思想和党的十九大精神是当前首要

的政治任务，为全面落实从严治党要求，充分发挥基层党组织的政治引领作用，激发全体教职工干事创业的激情，不断提升党员干部履职能力，现就三月份第一次党员政治学习安排如下：

一、学习讨论主题

坚持全面从严治党　提升科学治校和教书育人能力

二、学习讨论时间及内容

（一）学习时间

3月9日（周五）下午14：30分

（二）学习内容

学习习近平总书记关于全面从严治党的重要论述；学习《党的十九大报告学习辅导百问》之"全面理解和准确把握新时代党的建设的总要求""为什么要坚持全面从严治党"。

（三）讨论主题

结合学习的内容和自身工作实际，由总支（支部）书记讲一次党课。全体党员围绕如何贯彻习近平新时代中国特色社会主义思想，紧扣学院转型发展，谈谈自身在思想和能力上的短板是什么，如何顺应新时代、增强新本领、落实新任务，更好地履职尽责，推动学院转型发展。

三、具体要求

（一）认真组织学习。各党总支、支部要在规定的时间内进行集中学习，完成学习任务。如遇特殊情况无法开展学习，党支部在一周内自行调整学习时间。

（二）强化教育引导。各党总支、支部对教职工学习要进行严格管理，教育引导教职工积极参加政治学习。不能按时参加学习的，必须自行补学，党支部书记要对教职工补学情况进行监督检查。

（三）严格学习要求。各党总支、支部要规范会议记录，学习情况必须在会议记录中如实记载，学院不定期对支部学习情况进行督导检查，对存在学习不实等问题的党支部和支部书记进行通报批评。

附件：学院领导参加党总支（支部）政治学习安排

× ×学院办公室

×年×月×日

学院领导参加基层党组织政治学习安排表

姓名	职务	所在基层党组织
×××	党委书记	××系党总支
×××	院长	××系党总支
×××	党委副书记	××党支部
×××	纪委书记	××党总支
×××	副院长	××系党总支
×××	副院长	××系党总支
×××	副院长	××党支部

示例二：

×年××自治区特色文化产业专题培训班日程安排

（7月22日－7月28日）

日期	时间	内容
7月22日 （周日）	14：00－17：30	报　到 地　点：主楼大厅
	19：00－20：00	班会及破冰 地　点：第10教室
7月23日 （周一）	08：20－08：30	集体合影
	08：30－9：00	升班式： 1．××文化管理干部学院副院长××致辞 2．××自治区文化厅领导作开班动员 地　点：第10教室
	09：00－11：30	《三十讲》专题教学：深入学习贯彻党的十九大精神 主讲人：××党校马克思主义学院教授　×× 地　点：第10教室
	14：30－17：30	专题教学：特色文化产业的IP开发 主讲人：××大学文化产业研究院院长助理、研究 　　　员×× 地　点：第10教室

日期	时间	内容
7月24日 （周二）	08：30－11：30	专题教学：特色文化资源转化与产业培育 主讲人：××大学文化创意产业研究所副所长、教 　　　　授×× 地　点：第10教室
	14：30－17：30	专题教学：文化产业政策导向与发展趋势 主讲人：××文化管理干部学院研究院、科研处副 　　　　处长×× 地　点：第10教室
7月25日 （周三）	08：30－11：30	专题教学：旅游演艺发展趋势与发展战略 主讲人：××旅游演艺联盟理事长、××文化产业 　　　　投资公司总裁×× 地　点：第10教室
	12：30	教学楼前集合，出发赴××文化管理干部学院××校区
7月26日 （周四）	8：30－11：30	《三十讲》专题活动：党员讲好党的故事 地　点：第1教室
	08：00	集体乘车前往××葡萄小镇
	09：30－11：30	现场教学：文化产业与农业、旅游业深度融合 地　点：××葡萄小镇
7月27日 （周五）	7：30	集体乘车前往山海关长城博物馆
	9：00－11：30	现场教学：传承长城文化　感悟长城精神 地　点：山海关长城博物馆
	14：30－16：00	分组讨论：挖掘培育特色文化　助力文化产业发展 地　点：第一研讨室（第一组） 　　　　第二研讨室（第二组） 　　　　第1教室（第三组）
	16：00－16：30	结业式： 1. 学员代表发言 2. 培训班总结 3. 颁发结业证书 地　点：第1教室
7月28日 （周六）	上午	离　院

项目三　方案写作实训

在派出所实习的一年里，田力收获很大。快年底了，所里要搞警民联谊活动，所长很信任地把这项工作交给田力去策划。如果你是田力，负责这项工作，你如何完成这项工作？这份方案如何制订呢？

活动缘由和目的	活动措施和步骤	活动要求

一、文种模板

（一）工作实施方案

标题	×××××关于×××××××××的实施方案
正文	为了××××，根据××××，特制订本方案（特制订以下工作方案）。 一、指导思想 ××××××××××××× 二、工作原则 ××××××××××××× 三、工作目标（总体目标） ××××××××××××× 四、主要任务 （一）××××××××××××× （二）××××××××××××× （三）××××××××××××× （四）××××××××××××× ……

正文	五、方法步骤
	（一）×××××××××××××××
	（二）×××××××××××××××
	……
	六、活动要求
	（一）×××××××××××
	（二）×××××××××××××
	（三）×××××××××××××
	……
落款	××××（单位名称）
	×年×月×日（日期）

（二）活动方案

标题	××××关于×××××××的活动方案
正文	为了××××，根据××××，特制订本方案（特制订以下活动方案）。
	一、活动时间
	××××××××××××
	二、活动地点
	××××××××××××
	三、参加人员
	××××××××××××
	四、活动内容
	××××××××××××
	五、具体实施
	（一）×××××××××××××
	（二）×××××××××××××
	……
	六、活动要求
	（一）×××××××××××××
	（二）×××××××××××××
	……
落款	××××（单位名称）
	×年×月×日（日期）

二、写作提示

方案是指对某项工作、任务、活动或者课题等，从目标要求、工作内容、方式方法及工作步骤等方面作出具体而又明确安排的计划类文书。方案由标题、正文、落款三部分构成。

（一）写作结构

1. 标题。标题有以下两种写法：

（1）发文机关＋内容＋文种，如《北华大学提高教学质量工作方案》。

（2）内容＋文种，如《房屋装修设计方案》。

2. 正文。方案的正文一般包括缘由意义、指导方针、主要目标、实施措施步骤及要求等部分。可根据实际情况需要增减相关内容，但目标任务、措施步骤、要求这三项为基本内容。

3. 落款。写清楚制作方案单位，并注明制订日期。

（二）写作要求

1. 方案的写作，一定要开门见山，直接叙述，切忌转弯抹角。

2. 方案写作的目的在于要求下级遵照执行，因此，在撰写时，既要说明"办什么事""为什么办这些事"，又要说明"怎样办这些事"，以便受文单位更易理解、更方便执行和操作。

三、任务实施

根据你了解到的派出所的实际情况，请帮田力拟写一份警民联谊方案。

改一改

请指出这份方案中存在的问题，并谈谈如何修改。

歌咏比赛方案

一、活动目的

为了进一步丰富校园生活，推动学校艺术教育发展，培养学生欣赏美，展示美，创造美的能力，以及乐观向上，健康活泼，格调高雅的品质和精神风貌，特开展第二届"我是小小歌唱家"歌唱比赛活动。

二、参赛对象和报名方式

1. 为了给每位参赛者公平参赛的机会，各班必须以班级为单位，在班中举行一次选拔赛。

2. 各年级每班推荐两名选手（包括组合）参加淘汰赛，时间为 2017 年 11 月 6 日。

3. 2017 年 11 月 9 日为决赛时间，出场顺序现场抽签。

4. 报名截止时间为 10 月 28 日前，各班主任做好报名登记。

三、比赛程序与要求

1. 选手抽签决定比赛次序。

2. 由参赛者自选曲目，每人或组合限报一首曲目，演唱时间限制在 2 - 5 分钟以内，要求自备伴奏音乐（参赛选手提供的伴奏音乐必须保证效果，若因伴奏质量问题而影响成绩，后果自负），自行化妆，自备服装和道具。

3. 根据评委评分去掉最高分和最低分，取平均分。

四、比赛内容

1. 参赛选手演唱一首内容健康向上的优秀歌曲。

2. 形式可以独唱或小组唱。（组合人数不能超过六人）

五、决赛时间及地点

时间：2017 年 11 月 15 日

地点：二楼会议室

六、评分标准（10 分制）

内容	要求
演演唱（5 分）	吐字、咬字清晰，演唱完整、熟练，气息流畅正确把握歌曲旋律的音准和节奏，有较强的理解表现力，能深入歌曲内容。
歌曲（2 分）	歌曲选择适当，内容健康向上。
舞台形象（3 分）	精神饱满，演唱时能注意表现良好的舞台形象，自然有礼，（上台、下台）着装整洁大方；服装化妆情况。

看一看

请评析下列例文，谈谈你的观点和看法。

× × 局关于开展

"守纪律、讲规矩"主题教育活动的实施方案

为深入贯彻落实习近平总书记在十八届中央纪委五次全会上的讲话精神，进一步加强纪律建设，扎实推进党风廉政建设和反腐败工作，按照上级党委的部署，决定从 3 月初开始，集中 2 个月时间，在××局各级党组织和党员、干部特别是领导干部中，广泛开展"守纪律，讲规矩"主题教育活动。现制定如下实施方案：

一、指导思想

坚持以习近平总书记系列重要讲话精神为指导，以"守纪律、讲规矩"为重点，不断强化党的纪律和规矩意识，严格用党的纪律和规矩约束、规范行为，养成守纪律讲规矩的良好习惯，做到在政治上讲忠诚，组织上讲服从，行动上讲纪律，党内生活上讲规矩，工作上讲表率，在全局形成守纪律、讲规矩的浓厚政治氛围和政治习惯，为我局各项事业发展营造良好的政治生态环境。

二、活动目标

（一）坚定理想信念。通过教育活动，党员干部加强政治理论学习和世界观改造的自觉性进一步提高，贯彻落实党的路线方针政策的主动性进一步增强，中国特色社会主义道路自信、理论自信、制度自信进一步坚定，立足本职、服务大局、率先垂范、争创一流的先锋模范作用进一步发挥，以实际行动为我局各项事业健康发展贡献更大的力量。

（二）严明政治纪律。通过教育活动，党员干部遵守和维护党章的自觉性进一步增强，遵守和执行政治纪律、政治规矩的意识进一步提高，坚决维护中央权威，保证中央政令畅通。

（三）严格执行规定。通过教育活动，党员干部认真贯彻执行中央八项规定、自治区若干规定的自觉性进一步提高，带头厉行勤俭节约、反对铺张浪费，带头改进工作作风、密切联系群众，坚持一切从实际出发，坚决反对弄虚作假、虚报浮夸。

（四）加强组织建设。通过教育活动，使基层党组织凝聚力和战斗力进一步增强，战斗堡垒作用有效发挥。党员党性修养进一步增强，先锋模范作用充分发挥。

三、主要任务

通过主题教育活动，重点解决以下五个方面的突出问题：

（一）切实解决在维护党的团结统一方面，搞团团伙伙、拉帮结派以及缺乏大局意识的问题；

（二）切实解决对党的基本理论、基本路线、基本纲领、基本经验、基本要求乱发议论、满腹牢骚、甚至编造传播政治谣言，丑化党和国家形象的问题；

（三）切实解决对中央、自治区以及上级党委、××局党委做出的决策部署和大力推进之事，是否合意则取、不合意则舍，讨价还价，打折扣、做选择、搞变通；在贯彻执行上是否存在不落实集体决策，搞一言堂、家长制，该请示的不请示、该报告的不报告、该研究的不研究等问题；

（四）切实解决对中央、自治区明令禁止的事，是否置若罔闻，搞上有政策，下有对策，对组织不讲真话、不报实情；对上情不了解、下情不掌握，工作只靠感觉，办事凭经验，业务不熟悉，对政策法规一知半解，执行有偏差，不到位，不能正确履行职责等问题；

（五）切实解决敬业精神、服从意识不强，对组织决定说三道四、挑肥拣瘦、眼高手低、斤斤计较；工作作风不实，责任心不强，勇于担当不够，慵懒散软拖等问题。

四、方法步骤

此次主题教育活动为期两个月，从 3 月初开始，到 4 月 30 日结束，分三个阶段进行。紧紧围绕习近平总书记"五个必须"的总要求，采取学、查、改的办法，在学中查，在查中改，在改中学，组织广大党员干部认真学习党规党纪，扎实开展对照检查，切实解决存在问题，努力形成长效机制，确保主题教育活动取得实实在在的效果。

第一阶段：动员部署阶段（3 月中旬）

以党支部为单位，重点做好动员部署、学习宣传等工作。各党总支、直属党支部要严格按照局党委关于开展主题教育活动实施方案的部署要求，尽快启动实施主题教育活动。

第二阶段：组织实施阶段（3 月 20 日至 4 月 20 日）

1. 举办一期培训班。以党支部为单位，组织不少于 3 天的集中学习。认真学习党章和党的纪律、国家法律以及党的优良传统和工作惯例。重点是学习习近平同志《关于党风廉政建设和反腐败斗争论述摘编》、在十八届中央纪委五次全会上的重要讲话，××同志在十八届中央纪委五次全会上的工作报告，××同志在自治区纪委十一届五次全会上的讲话等，做到懂法纪、明规矩，知敬畏、存戒惧。

2. 重温一遍入党誓词。以党支部为单位，组织广大党员重温入党誓词，缅怀党的奋斗历程，牢记党的优良传统和纪律规矩。

3. 撰写一篇心得体会。每名党员、干部根据所学内容，结合工作实际，撰写一篇心得体会，使党员、干部从心灵深处感悟党纪党规的重要性和严肃性，让守纪律讲规矩成为自觉。

4. 组织一次知识测试。在党员干部中进行一次党纪党规知识测试，强化党员干部对党纪党规的理解和掌握。

5. 讲授一次党课。各党总支、直属党支部主要负责同志要以"严明党的政治纪律和政治规矩"为主题，结合本部门实际，给党员上一堂党课。

6. 开展一次警示教育。组织党员、干部以观看廉政教育片、参观廉政教育和法治教育基地、旁听法院庭审等方式开展警示教育活动，使广大党员干部从内心敬畏党纪党规。

7. 开展一次专项承诺。各级党组织要对本部门长期以来形成的优良传统和工作惯例进行梳理，形成符合党纪、国法和具有部门（单位）特点的政治规矩，组织每名党员干部对遵守政治纪律和政治规矩情况作出承诺，自觉接受组织和群众的监督。

8. 撰写一份党性分析材料。每名党员干部要结合本职，采取群众提、自己找、上级点、相互帮等方法，撰写一份党性分析材料，认真查找存在的问题及原因，提出整改措施。

9. 召开一次组织生活会。以党支部为单位，组织召开一次组织生活会，每名党员干部特别是领导干部要对照党章、党纪、国法和党的优良传统、工作惯例等纪律规矩要求，对照本次活动要重点解决的五个方面的突出问题，认真查摆自身存在的问题，提出解决的时限，做到即查即改。

第三阶段：总结提高阶段（4 月 21 日至 4 月 30 日）

各党总支、直属党支部对主题教育活动进行全面深入地总结，在总结的基础上，探索建立党员干部守纪律、讲规矩的长效机制，进一步巩固和扩大集中教育活动成果。对主题教育活动的主要做法、成效，存在的问题以及下一步整改措施，认真研究总结，形成集中教育活动总结报告，于 4 月 28 日前报局党委办公室。

五、活动要求

（一）各级党组织要切实落实好主体责任，强化责任担当，坚持党要管党，从严治党。要立规矩讲规矩，敢于动真碰硬，坚决纠治不守纪律、不讲规矩的问题。要按照"三严三实"的要求，把守纪律、讲规矩作为党员干部教育管理的长期任务和经常性工作，强化纪律观念和规矩意识，规范党员干部的言行。要认真抓好主题教育活动各项工作落实，确保每名党员干部都要接受一次党性党风党纪党规教育。

（二）各级领导干部要带头守纪律、讲规矩。各级党组织要把守纪律、讲规矩作为各级干部培训的一项重要内容，纳入学习教育计划。

（三）各部门要积极利用网页、墙报、展板，专题学习会、讲座等形式，大力宣传主题教育活动，营造守纪律、讲规矩的浓厚氛围。

（四）要结合党的群众路线教育实践活动问题整改、培育社会主义核心价值观、落实中央八项规定和自治区若干规定精神、"转作风、抓发展""群众评议机关和干部作风"等活动，进一步加强作风建设。要加大对不守纪律、不讲规矩行为的惩戒力度，严肃查处各类违规违纪问题。

（五）本次主题教育活动开展情况将列入局年度工作目标考核、机关效能建设考核和党风廉政建设责任制考核的重要内容，以确保主题教育活动取得实效。局党委、纪委将适时对各党总支、党支部开展活动的情况进行专项检查。

中共××局委员会
2015 年 3 月 15 日

项目四　知识链接

一、计划的涵义

计划是根据党和国家的有关方针、政策以及上级的指示要求，依据本部门和个人的实际情况，对未来一定时期内的工作、生产、科研和学习等拟定目标、内容、步骤、措施和完成期限的一种事务性文书。

计划是计划类文书的统称。常见的规划、安排、设想、打算、方案、思路、要点等，都是人们对今后工作或活动作出的部署与安排，因而，也都属于计划这个范畴。其区别为：

文种	内容特点
安排	对短期内工作进行具体布置的计划
打算	短期内工作的要点式计划
要点	列出工作主要目标和任务的计划
方案	针对某项工作，从目标内容、方法步骤及要求等方面做出具体明确安排的计划
设想	是初步的草案性的计划
规划	具有全局性、战略性、纲领性的较长期的发展设想，展示远景

二、计划的用途

计划使用范围广泛，是人们行动的纲领。古训云：凡事预则立，不预则废（预：计划）；人无远虑，必有近忧。有计划，事情成功的可能性就大，反之容易陷入盲目和被动，以致遭受挫折和失败。

有了计划，工作就有了明确的目标和具体的步骤，就可以协调大家的行动，增强工作的主动性，减少盲目性，使工作有条不紊地进行。同时，计划本身又是对工作进度和质量的考核标准，对大家有较强的约束和督促作用。所以计划对工作既有指导作用，又有推动作用。

三、计划的特点

1. 预见性。预见性是计划最明显的特点之一。计划是在工作、行动之前对工作的任务、目标、方法、措施、步骤等所作出的预先设想，预估可能出现的情况和问题。预想不能是盲目的，而是要以上级部门的指示和要求为指导，以本单位的实际条件为基础，以过去的成绩和问题为依据，对今后的工作、任务的发展趋势作出科学预测之后作出的。这种预想是为了提前做好应对，取得工作的主动权。

2. 可行性。计划的可行性是和预见性以及其针对实际情况制订的特点紧密联系在一起的。预见准确、针对性强、周密完善的计划，在现实中才真正可行，才能够做到工作行动有条不紊，合理安排人力、物力、财力等，使计划顺利进行，任务能够圆满完成。制订计划时不能订那种不切实际的计划，盲目追求过高的目标，结果措施无力实施，计划不能完成。或者在完成目标时，所采用的措施方法不靠谱，不切合实际，没有创见性，这会造成计划内容难以实现。

3. 约束性。计划一经通过、批准或认定，在其所指向的范围内就具有了约束作用，在这一范围内无论是部门、集体还是个人都必须按照计划的内容开展工作和活动，不得违背和拖延，否则就失去了制订计划的意义。

4. 时限性。计划有时限要求，一般在特定的时间范围内才有效。

四、计划的类型

计划的种类很多，常见的有以下几种：

1. 按内容与性质分：有生产计划、工作计划、学习计划、科研计划、教学计划、文体活动计划、作战计划等。

2. 按内容覆盖面分：有综合计划和专题（项）计划。

3. 按时间分：有长期计划、中期计划和短期计划。或者具体说有五年计划、年度计划、季度计划、月计划、周计划等。

4. 按制订者分：有国家计划、省（市）计划、单位计划、部门计划。个人也可以制订计划。

5. 按形式分，有文章式计划、表格式计划、条文式计划、条文表格结合式。

五、计划的写作

（一）写作模式

计划可采用三种写作模式：表格式、条文式、文章式。

表格式计划在生产计划、活动安排中运用较多，一般将目标（任务）、措施、进度等内容填入表格即可，一目了然，十分清楚。

条文式计划是将计划的任务、目标或者具体事项等简洁明了、分条列项地罗列出来，不做具体阐述。

文章式计划就是用文字依次叙述，将计划的目的、任务、目标、时限、措施、步骤、要求等形成文字后并加以具体阐述说明。大多采用序号或小标题进行分条列项地标注，层次鲜明。

（二）计划的内容

计划内容一般包括三要素：

1. 背景和前提。解决"为什么做"的问题。写法有两种：①写出制订计划的指导思想。②分析前期情况，找出问题。

2. 任务和目标。解决"做什么"的问题。这部分内容要有数量（完成任务的多少）、质量（完成任务的标准）和速度（完成任务的时间）。任务和目标是计划的核心，失去这部分内容，计划则失去意义。

3. 措施和步骤。解决"怎么做"的问题。措施是指为完成任务采用的方法；步骤是指为完成任务的具体安排。凡是实施性计划（包括个人计划），这部分写作是计划的重心部分，措施一定要具体可行。

（三）计划的结构

计划一般由标题、前言、正文、落款四部分构成。

1. 标题。常见的标题包括四部分：计划的单位、时限、内容、文种，如《××学院×学年教学工作计划》。

2. 开头。开头即是计划的导言、序言部分，作用就是简要概括基本情况，说明制订计划的依据和理由，或分析前段时间的实际情况、工作经验和存在问题，宏观地提出今后总的工作任务和目标。

3. 正文。一般先简明扼要地对完成任务的客观条件做些分析，说明完成计划的必要和可能。接着写具体内容，即在什么时间内完成哪些任务并写出完成任务的措施、方法和步骤。结尾应写注意的事项、需说明的问题，或是提出希望和号召。

4. 落款。要注明制订计划的单位名称和日期。如果在计划标题上已经注明了单位名称，这里就不必重复。上报或下达的计划，要在落款处加盖公章。

项目五　实训练习

一、填空题

1. _____是对未来一定时期的工作所做的预想性安排。

2. _____、_____和_____是计划三要素。

3. 常见的规划、_____、设想、打算、_____、纲要、思路、要点等，都是人们对今后工作或活动作出的部署与安排，因而，也都属于计划这个范畴。

4. _____属计划中的一种，它是更为具体、短期和单一的计划。

5. 为了保证计划的科学性，在制定计划时要考虑的主要因素有_____、_____可操作性。

二、判断题（对的打"√"、错的打"×"）

1. 计划的内容一般包括目标任务、措施、步骤。（　　）

2. 计划是对过去一定时期的工作所做的预想性安排。（　　）

3. 计划对工作既有指导作用，又有总结推动作用。（　　）

4. 常见的规划、安排、设想、打算、方案、纲要、思路、要点等，都是人们对今后工作或活动作出的部署与安排，因而，也都属于计划这个范畴。（　　）

5. 方案的写作，一定要开门见山，直接叙述，切忌转弯抹角。（　　）

6. 俗话说"长计划，短安排"，可见，安排的时间要求比较短，有的为"日"安排，有的为"周"安排，有的为"月"安排，有的为不长的"一段时

间"安排。安排的时限往往适用于近期工作。（　　　）

7. 计划正文一般需要包括称谓、主体、结语三方面的基本信息。（　　　）

8. 把计划进一步明细化，即如何完成计划的具体方法和步骤，安排具体行为的文书是方案。（　　　）

9. 工作要点的特点是具有总结性、研讨性和参考性。（　　　）

10. ××项目方案是税务机关（部门）就一项具体活动项目而制订的计划。（　　　）

三、思考写作题

1. 计划在我们的日常生活工作中到底发挥着怎样的作用？

2. 任选下列一个题目，制订一份可操作性的个人计划。

（1）课外阅读计划。

（2）锻炼身体计划。

（3）在半年内进一步提高电脑操作技能的计划。

（4）利用假期进行社会调查的计划。

（5）本学期学习计划或工作计划。

要求：符合计划的撰写格式——标题、正文、署名和日期三个部分要完整；正文要写得明确具体，做什么、怎么做、做到什么程度、采取什么切实措施等，要分条分项逐一排列。

3. 请根据班级管理实际情况，拟写一份班级工作计划。要求内容具体明确、切实可行；格式正确规范；表达简洁、流畅。

4. 请查找相关专业岗位资料，结合专业岗位情况，拟写一份部门或单位工作计划。

5. "五四"青年节到来之际，集团公司决定召开"青春·使命·责任"为主题的青年职工座谈会，邀请青年代表畅谈工作感受，分享成长经历。请你根据内容拟写一份活动方案。

计划写作实训答案　　安排写作实训答案　　方案写作实训答案　　实训练习答案

模块二　总结类应用文写作实训

任务要求：

　　1. 了解总结、情况汇报、实习报告等文种的适用范围、种类。

　　2. 掌握总结、情况汇报、实习报告等文种的结构和写作要求。

　　3. 学会总结类文种的写作方法。

项目一　个人总结写作实训

　　本学期，周强老师承担了交通管理专业两个班级的《大学语文》课程的教学工作。教学中，周老师认真备课，了解和熟悉学生的学习兴趣、学习习惯以及职业理想，将语文教学与学生的兴趣与职业素养相结合，加大学生的语文实践活动，受到学生的欢迎。期末按照学校的要求，周老师要撰写个人教学工作总结。

　　你认为在撰写个人教学工作总结时需要涉及哪些方面的内容？结构有什么要求。

总结的结构	总结的内容

练一练

一、文种模板

标题	××（时限）个人××（内容）总结
开头	××时间段，在××条件下（或根据××要求），做了××具体工作，取得了××成绩，现将具体情况总结如下：
主体	一、具体做法（或取得的经验，或教训）要分条列项地提炼概括 　　1. ××××（提炼出来的主题句） 　　××××××××××××××××××××××××××××××× 　××××× 　　2. ××××（提炼出来的主题句） 　　××××××××××××××××××××××××××××××× 　××××××× 　　3. ××××（提炼出来的主题句） 　　××××××××××××××××××××××××××××××× 　××××××× 　　二、存在的问题 　　1. ××××（提炼出来的主题句） 　　2. ××××（提炼出来的主题句） 　　三、今后的努力方向 　　1. ××××（提炼出来的主题句） 　　2. ××××（提炼出来的主题句）
落款	××× （个人署名） 　　　　　　　　　　　　　　　　　×年×月×日（写作日期）

二、写作提示

　　个人总结是个人对过去某一阶段工作、学习等情况进行回顾、分析和评价，从中得出经验教训，找到规律性认识，以便指导今后的工作、学习等的一种事务文书。

　　（一）写作结构

　　个人总结通常由标题、正文、落款三部分构成。

　　1. 标题。由"时限＋个人＋内容＋文种"构成。如《×年上半年个人学习总结》。

2. 正文。正文一般包括开头、主体和结尾部分。

（1）开头。基本情况概述部分，根据总结的主题内容概述个人的基本情况、基本成效和总体评价。一般用一个自然段，简明扼要地使人们对个人总结的内容有一个整体认识，为主体的行文做好铺垫。本段结束时，一般要用到过渡句，如"现将具体工作总结如下"。

（2）主体。主体是总结的核心部分，可以分为主要做法、工作中的不足或者存在的问题、今后努力的方向等。

主要做法：主要陈述自己的工作实绩，可以将个人的工作完成情况归纳为几个方面的内容分别进行阐述，更注重介绍工作的主要成绩、做法和工作量等情况。

重点是通过对工作情况的回顾，具体写明做了哪些工作，是怎么做的。

存在的问题：这方面内容是在基本做法的基础上，自我评价自己在工作中的失误和不足，以利于今后工作的改进。

今后的努力方向：明确今后工作的奋斗目标、努力方向。

（3）结尾。有时以自己将更加尽职尽责，做好本职工作作为结尾直接结束正文，也可以"提出希望""表达决心""强调观点"等内容作为结尾。

3. 落款。包括署名和日期。署名用全称，日期用阿拉伯数字，并标清年月日。

（二）写作要求

1. 切忌记流水账，没有主次和重点。不要将自己所做的工作一一进行罗列。个人总结的重点在于归纳梳理工作完成情况，表现工作实绩，突出表现德、才、能、绩，要分清工作的主次，选择重点内容进行总结。

2. 切忌只谈成绩不谈不足。不仅要看到成绩，也要看到存在的问题。谈成绩时，除了摆事实等，还可以进行对比以便突出成绩。比如，通过纵向的今昔对比展现其中的巨大变化，使成绩引人注目；通过横向对比展现成绩的来之不易，让人明白其中的付出。在谈不足时要把握分寸，不能以偏概全，夸大事实。在谈失误时要注意两点：一是客观地剖析原因；二是要有改进的措施。

3. 切忌泛泛而谈，没有个性。同一单位或者部门，工作情况有类似，表现成绩也容易雷同，要想让自己脱颖而出，还应突出自己的特色，展现自己的工作特色和亮点。

三、任务实施

请你根据"想一想"中周强老师的教学情况和总结的写作方法试着写一写。

请指出这份总结中存在的问题，并谈谈如何修改。

个人总结

又一学期接近尾声，我们即将完成这一阶段的学习任务，我认为我在本学期的收获很多，在学习各学科时也比较认真，下面我对本学习阶段总结如下：

一、生活方面

初来校园，心情无比的激动，因为警察这个职业是我从小的梦想，可是刚开始的军训生活的确有点不习惯，可是，既然自己选择了这份职业我就做好了应有的准备。就这样，我学会了叠军被，我觉得自己特别有成就感，虽说每天都会比别人早起半个小时，可是当自己真正完成了这项任务的时候，那几个小时的睡眠又算什么呢？

二、学习方面

在学习上，我们这半年开了好几门法学课，如刑法、宪法、法理等。为了丰富自己的学识需求，我从来没有放弃认真去听每一节课，而且我们的任课老师真的都很棒，学识兼备，让我学到了很多知识，也传授给了我们更多的经验，让我不仅在现在的学习生涯中丰富了我的学识，也在以后的工作中更加懂得去怎样的奉献，时刻牢记着那六个字，时刻记着"忠于祖国，忠于人民，忠于法律"的政治本色，并在以后的学习中更上一层楼。

以上就是我对这个学期的生活学习总结，经过全院师生的培养，我已具备了各项生活、学习能力，并已经融入了这个大集体，并在今后的生活学习中，将不断追求上进，增强自身的各项素养，并在以后的工作中不断向祖国奉献出自己的每一份力量。

章　为

2015 年 6 月 30 日

请评析下列例文，谈谈你的观点和看法。

示例一：

2017年下半年个人《申论》学习总结

2017下半年，在任课老师的悉心指导和同学们的共同帮助下，本人圆满完成了学习任务，全面提高了理论知识水平与分析问题的能力，为今后公务员考试奠定了良好的基础，现将具体情况总结如下：

一、具体的做法

（一）掌握基本原理，为《申论》学习奠定基础

所谓基本原理，指的是解答基本题型的基本知识和方法技巧，即概括要点、原因、对策、对策有效性分析、论证表述的基本结构和写作模式，以及阅读理解的诀窍。这些是申论的基础，只有掌握这些基础知识，才能解答好申论试题。在学习和掌握写作结构和写作模式时，要注意与例题结合，以便通过例题，深入理解和消化结构和模式。

（二）重视练题，提高《申论》学习的应战能力

所谓"练题"，指的是动手做题，进行实战演练，这可以明显提高现场答题能力，对考试来说，是非常关键的。"练题"的内容，包括两个方面：首先是真题，即已经考过的试题。演练这类试题的意义，不在于这类试题可能会重新再考，而在于它具有典型性和示范性，它的基本题型、特点、方法技巧等，会在以后的考试中再现，对考生有相当大的启发作用。其次是模拟题。这类题的各种版本的水平不见得尽如人意，但均从不同程度上反映当前的社会热点问题，可帮助考生对社会热点和答题技巧有所把握。无论是演练"真题"还是演练模拟题，均不应孤立地就题练题，最好是在解答各道题时，自觉地以写作结构、写作模式和写作技巧为指导，通过演练，真正悟透和掌握运用原理的方法。

（三）阅读"热点"资料，提高分析问题的能力

这里所说的"热点"资料，指的是重大社会现实"热点"问题的有关资料。这类资料很多，其中最紧要、最具参考价值的：一是当年的《政府工作报告》，因"报告"中点出了重要现实问题的诸方面，可以视作社会现实问题的总纲，用它统领各现实问题；二是《半月谈》《瞭望·新闻周刊》等，因其登载关于社会现实问题的文章，对现实问题有较深入的分析可供我们学习借鉴。

（四）制订复习步骤，加强《申论》的学习效果

可根据个人的情况来制订复习步骤。若从有利于应试的角度出发，可分为以下三个步骤：一是消化原理，即掌握解题模式；二是演练真题，尤其是演练近两年来考试的真题；三是演练模拟题，准备应试。

二、存在的问题

（一）角色定位不好

在《申论》的学习过程中，往往把自己放在一个普通学生或老百姓的位置上看问题，忽视了要站在准公务员的角度，代表国家来发现问题、分析问题和提出解决问题的办法。

（二）有失客观公正

在《申论》的学习过程中，有时看到有些地方一些错误的做法，还会带有一定的情绪，这样就会有失客观公正。

三、今后的努力方向

1. 要多看领导的访谈，学习他们是怎样站在公务员的角度来处理问题和解决问题的。

2. 要加强理论政策的学习，要学习《政府工作报告》、党和国家重要的指示和精神，用政策、法律、制度等来解决社会实际问题，而非用情绪应对问题。

王文军

2017 年 12 月 26 日

示例二：

×年个人工作总结

一年来，本人尽职尽责做好本职工作，严格要求自己，时刻保持"谦虚""谨慎""律己"的态度，在领导的关心指导和同事们的帮助支持下，勤奋学习、积极进取，努力提高自我，始终勤奋工作，认真完成任务，履行好岗位职责，各方面表现优异，得到了领导和群众的肯定。现将一年来的学习、工作情况简要总结如下：

一、严于律己，自觉加强党性锻炼，政治思想觉悟得到提高

一年来，始终坚持运用马克思列宁主义的立场、观点和方法论，坚持正确的世界观、人生观、价值观，并用以指导自己的学习、工作和生活实践。热爱祖国、热爱党、热爱社会主义，坚定共产主义信念，与党组织保持高度一致。认真贯彻执行党的路线、方针、政策，工作积极主动，勤奋努力，不畏艰难，尽职尽责，任劳任怨，在平凡的工作岗位上做出力所能及的贡献。

二、强化理论和业务学习，不断提高自身综合素质

作为一名刚踏入社会的大学毕业生，我清醒地看到人生舞台已发生转变，自己又缺乏工作经验，所以只有不断加强学习，积累充实自我，才能锻炼好为人民服务的本领。这一年来，始终坚持一边工作一边学习，不断提高了自身综合素质水平。

一是认真学习业务知识。一年来，在领导和同事们的带领下，走村入户，参加村民代表会议、座谈会等各种会议，到生产、建筑实地考察，学习了许多农村工作方法，更是与群众直接接触，真正做到深入到群众中去。平时，多看、多问、多想，主动向领导、向群众请教问题，机关学习会、各种工作会议都是我学习的好机会。此外，认真参加各类培训，一年来参加了公务员初任培训、禁毒尿检培训、电子政务培训，均以优异的成绩通过考核，熟练掌握了业务技能。业务知识的学习使我在工作上迅速成长起来。二是认真学习法律知识。作为文书负责办理各种证明，另外作为公安员，更是直接涉及许多法律法规的运用问题。结合自己的工作实际特点，利用业余时间，自觉加强了对法律法规知识的学习，比如计划生育、婚姻家庭、出入境管理、户籍管理、治安管理、禁毒工作细则等法律法规的学习，进一步增强了法律意识和法律观念。

三、努力工作，认真完成工作任务

一年来，我始终坚持严格要求自己，努力作好本职工作。我的工作主要有两大块：一是党政办工作；二是综治办工作，另外还兼职安全监督员、食品质量监督员、"千百"办成员等职务。一年的工作尽职尽责、任劳任怨，努力做好服务工作，当好参谋助手。

（一）党政办工作。办公室工作是完全服务性质的工作，既要对外服务，也对内服务，工作中要做到"三勤"即嘴勤、手勤、脚勤。在接待群众来访办事时，我每次都能主动询问是否有需要办理的事，遇到办不了的证明材料时能耐心向其解释清楚，或帮其联系驻村干部、经办人，帮其查看档案资料等，使群众能尽快办好手续，树立好政府窗口的形象。在收文发文时，总是用最短的时间把文件送达各办公室，并及时把领导批阅文件收回归档或传阅到其他办公室，从来没有遗漏掉一份文件。在收集整理资料时，全面、准确地了解各方面工作的开展情况，及时总结、汇总，向领导汇报或让领导备查，如年度目标管理考核资料准备等。在起草文稿时，能及时认真完成领导交付的任务，一年来完成各种报告 70 余篇，包括×年政府工作总结、×年上半年政府工作总结、人代会报告等文稿。同时在组织会务、后勤管理、打字复印等工作上也尽职尽责，不留下任何纰漏。

（二）综治办工作。主要负责资料整理、报告材料起草、各类报表统计。综治办工作任务重、责任大、业务性强，准备的各种资料很多，如在禁毒工作方面，今年上半年就起草各种报告 20 余篇，还负责宣传教育、查毒、禁种铲毒、尿检帮教等工作。年初起草了综治、禁毒、反××、安全生产等 7 个方面的责任书。今年上半年还负责整理了"七五"普法验收材料，接受了综治、安全生产、禁毒工作半年度考核。另外在治安管理、抓赌帮教、纠纷调解等工作上也认真履行好职责，做好分内之事。

回顾一年来的工作，我在思想上、学习上、工作上都取得了很大的进步，成长了不少，但也清醒地认识到自己的不足之处。首先，在理论学习上远不够深入，尤其是将理论运用到实际工作中去的能力还比较欠缺；其次，在工作上，工作经验尚浅，尤其是在办公室待的时间多，深入村里的时间过少，造成调研不够，情况了解不细，给工作带来一定的影响，也不利于尽快成长；再次，在工作中主动向领导汇报、请示的多，相对来说，为领导出主意、想办法的时候少。

在以后的工作中，我一定会扬长避短，克服不足、认真学习、发奋工作、积极进取、尽快成长，把工作做得更好，为人民群众做得更多，贡献做得最大。

×××

×年×月×日

（摘自 http://www.exam8.com/file/gongzuo/geren/201711/4137097.html，最后访问时间：2018 年 10 月 7 日，略有删改。）

项目二　单位总结写作实训

想一想

上半年，××单位办公室在提高办文、办会质量，公文的立卷归档，信息报送，以及综合协调和后勤服务保障等方面做了大量的工作，上半年即将结束，办公室主任要求干事小李写一份部门工作总结。

你认为在撰写部门工作总结时需要涉及哪些方面的内容？结构有什么

要求。

总结的结构	总结的内容

一、文种模板

标题	××（单位或者部门）××（时限）工作（内容）总结（文种）
开头	××时间段，在××条件下（或根据××要求），做了××具体工作，取得了××成绩，现将具体情况总结如下：
主体	一、具体做法（或取得的经验，或教训）要分条列项地提炼概括 　　1. ××××（提炼出来的主题句） 　　×××××××××××××××××××××××××××××××××××××× ×××××× 　　2. ××××（提炼出来的主题句） 　　×××××××××××××××××××××××××××××××××××××× ×××××× 　　二、存在的问题 　　1. ××××（提炼出来的主题句） 　　2. ××××（提炼出来的主题句） 　　三、今后的努力方向 　　1. ××××（提炼出来的主题句） 　　2. ××××（提炼出来的主题句）
落款	××××（单位或者部门名称） 　　　　　　　　　　　　　　　　　　　　　　　　　　×年×月×日

二、写作提示

　　单位总结是单位或部门对过去某一阶段工作、生产、学习等情况进行回顾、分析和评价，从中得出经验教训，找出规律性认识，为今后的工作提供指导和借鉴的一种事务文书。

（一）写作结构

单位总结通常由标题、正文、落款三部分构成。

1. 标题。

种类		格式	举例
公文式标题	完全式标题	部门＋时限＋内容＋种类	办公室×年上半年工作总结
新闻式标题	单行标题		只有激励机制才能增强企业活力
	双行标题		抓改革促管理增效益——××公司×年工作总结

2. 正文。正文一般包括开头、主体和结尾部分。

（1）开头。基本情况概述部分，根据总结的主题内容概述单位或者部门的基本情况、背景、环境、指导思想以及基本成效和总体评价。一般用一个自然段，简明扼要地使人们对总结内容有一个整体认识，为主体的行文做好铺垫。本段结束时，一般要用到过渡句，如"现将具体情况总结如下"。

（2）主体。主体是总结的核心部分，包括成绩与经验、基本做法、问题与教训、今后打算与努力方向等几个方面的问题。

成绩与经验：对单位、部门的相关工作所取得的成绩、经验或者教训进行细致分析，并把感性认识上升到理性认识的高度，找出规律，以便指导今后的工作。

基本做法：主要通过对工作情况的回顾，具体写明做了哪些工作，是怎么做的。

存在的问题：这方面内容是在基本做法、成绩与经验的基础上，实事求是地找出工作中存在的不足之处和尚未解决的问题，以利于今后工作的改进。

今后的努力方向：这方面内容是在上述诸内容的基础上，明确今后工作的奋斗目标，提出今后工作的努力方向。

（3）结尾。有时以"今后的努力方向"内容作为结尾直接结束正文，也可以"提出希望""表达决心"等内容作为结尾。

3. 落款。包括署名和日期。署名用全称，日期用阿拉伯数字，并标清年月日。

（二）写作要求

1. 要善于观察和思考。写总结需要在日常的工作、学习等过程中多观察、思考，积累写作资料，选择典型、新颖的支撑材料进行撰写。

2. 实事求是地进行总结。写总结，要从客观存在的事实出发，深入地分析研究，并从中进行提炼和概括。

3. 概括总结出的主要做法、经验、教训等要准确恰切，要实事求是，不能夸大成绩，隐瞒缺点。

4. 观点与材料要一致，叙述、议论要得当。

5. 主体部分的结构形式有两种：一是横式结构，即按照事实的内在逻辑顺序来安排层次；二是纵式结构，即以工作先后发展的自然进程为序来安排层次，将工作分为几个阶段，对每一个阶段工作的做法、成绩、经验和教训分别进行总结。

三、任务实施

请你根据"想一想"中××单位办公室所做的主要工作，试着代干事小李写一写。

请指出这份总结中存在的问题，并谈谈如何修改。

中职部五年法律1402区队
2016年下半年度区队管理总结

2016年下半年学期已经结束，回顾这一学期，在其他班委的配合下，从多方面抓班级管理工作。有辛勤的耕耘，有收获的喜悦，也有不足与遗憾，现将本区队2016年下半年区队管理总结如下：

一、增强管理意识，做到管理精细化

通过上一学期的努力，班级管理已经取得一定的成绩。但由于区队部分学员素质普遍不高，不但在守纪方面缺乏自觉性，学习成绩不理想，上课不认真听讲，而且纪律观念淡薄，时常出现违纪现象。在这样的实际情况下，这一学期主要是强化管理意识，精细化管理。遵循学院精细化管理的标准，巩固上学期的管理成果，将区队管理提高一个档次。

1. 继续加强区队精细化管理，做好学员在学习、纪律、内务上的管理，使区队的学员认识到学员精细化管理的重要性。

2. 做好学员安全方面的工作，开展学员自我保护的教育工作等班会主题，使学员自我保护工作的教育得到一定的效果。

3. 对于违纪的同学，根据不同的管理措施，予以批评教育，帮助其改正错误，继续做好区队学员的思想工作。

4. 加强区队其他干部的工作，一周召开一次区队干部会议，明确分工、要求公正、协调团结、互相协助，做好区队管理工作，对于个别犯错的干部进行停职一周，自己反省，有效地提高了区队其他干部的管理水平。

二、学习方面

1. 管理好上课纪律，要求学员上课认真听讲，做好课堂笔记，提高学习氛围，及时与任课老师沟通，对于上课不认真听讲的同学。予以处罚。

2. 培养学员良好的学习态度，树立学习的榜样，进行学习评比，做好奖惩制度。

三、纪律方面

1. 加强学员课堂纪律，要求上认真听讲、无手机课堂，对于上课不认真听讲的、玩手机的同学，予以批评。

2. 提高队列训练，同学们能够积极地配合班委训练好队列，使本区队的队列纪律更好地推向全院，但其中也有不足。

四、内务方面

1. 在上学期的内务方面表现是很优异的，每次中职部排名都在前二，是个很好的开端，希望在本学期能积极地配合班委管理工作，希望能保持名次。

2. 实行一人一被的制度，能够更好地使学员们在内务上取得优异的成绩。

五、生活方面

1. 遵循学院"奋斗、责任、忠诚"的精神，使区队学员在生活上，言行举止有大幅度的提高。

2. 积极参加学院组织的活动，使学员在活动中锻炼自己。把自己的能力推向出去，使本区队学员们有很好的认识。

以上几个方面中，其中也有些不足，更要加强本区队管理制度。使本区队走向很高的荣誉，也不能忽视本区队所出现的问题。因此，我们本区队的重点方面放在以下几个方面：

1. 端正学员在学习上的态度，使本区队良好的学习态度发扬光大。

2. 树立学习的榜样，进行学习评比，做好奖惩制度。

3. 加强队列纪律，以制度管人，以制度做事。

4. 在生活方面，积极地参加学院活动，使自己更强的表现自己。

5. 共同努力创造金牌区队。

2017 年 4 月 17 日

中职部五年法律 1402 区队

 看一看

请评析下列例文，谈谈你的观点和看法。

2017 年××市司法行政工作总结

2017 年，全市司法行政系统在市委、市政府、市委政法委和省司法厅的坚强领导下，深入学习贯彻党的十九大精神，以习近平新时代中国特色社会主义思想为指导，认真落实全面从严治党要求，加强政治建设、思想建设、组织建设、作风建设、纪律建设，提高依法履职能力，提升法治化营商环境服务水平，围绕建设全国公共法律服务最便捷城市目标，全面推进司法行政改革创新，推动我市司法行政工作走在全国前列，为建设法治××平安××做出了积极贡献。

一、深入学习宣传贯彻党的十九大精神

把学习宣传贯彻习近平新时代中国特色社会主义思想和党的十九大精神作为首要政治任务，按照学懂弄通做实的要求，推动全市司法行政系统掀起学习热潮。局党委以上率下带头学，召开党委会、党委扩大会议、中心组学习会等学习 7 次，举办全系统处以上领导干部集中培训班，认真学习宣传党的十九大精神。领导班子带头研读、带头宣讲、带头撰写学习体会，发挥了示范引领作用。印发学习宣传贯彻的通知和工作方案，对全系统学习宣传贯彻工作进行全面部署，实现全系统在职、退休党员学习全覆盖。通过开展"大学习、深调研、真落实"活动，以及组织党员进行"学报告、学党章"考学活动，促进学习宣传贯彻党的十九大精神往深里走、往实里抓。积极创新学习方式，开展以宣讲党的十九大精神为主题的"中国梦、法治梦、司法梦"故事大赛活动，邀请十九大代表×××及省、市委宣讲团成员作辅导报告，拍摄了干部群众学习党的十九大报告以及重温入党誓词的宣传短片，印制发放学习党的十九大精神专用笔记本，有力推动党的十九大精神在全系统全面落实、取得实效。

二、推动司法行政改革破冰前行

进一步完善改革组织架构，优化改革任务目标，加大改革工作力度，2014

年至今共开展改革项目69项，其中3项纳入市改革工作要点。在全省率先完成人民监督员选任管理改革工作，顺利选出165名新一届××市人民监督员。积极围绕律师、公证、人民调解、法治宣传、监管执法、职权承接等方面进行深度改革，推出一系列有利于促进职能发挥、群众得到普惠的政策措施。律师改革工作实现多项首创：在全国率先开展刑事案件律师辩护全覆盖试点工作；与××区政府合作建成全国首个律师大厦，打造形成全国第一个法律服务聚集区；积极保障律师执业权利，在全国副省级城市中成立首家"维护律师执业权利中心"；与市法院联合出台律师调查令制度，成为全省第一个在市、区两级法院全面推行律师调查令的城市；在××知识产权法院成立全国首家律师驻知识产权法院调解室，在市法院挂牌成立全省第一家申诉案件代理和调解律师工作站，成立全省首家律师个人调解工作室——××区××村杨杨律师调解工作室，成立全省首个专门服务社区老年人的律师团队——×××律师所助老律师团，设立全市首个专业市场法律顾问室——岭南花卉市场法律顾问室；创新开展刑事案件认罪认罚从宽制度试点工作。公证工作创新改革力度大，成立××自贸区公证处，入选自贸区新一批制度创新案例；新设立2家合作制公证机构，试点机构数量、发起人数、组建时间上都走在了全省全国前列；××公证处在××区法院成立了全省首家"公证驻法院工作站"；××公证处在全省首创政府购买公证服务模式，为不动产登记机构提供公证服务；××区公证处创设全国首个公证书电子化共享项目。人民调解工作改革思路新，积极探索人民调解员专业化、职业化发展道路，在全市11个区22个街镇开展公安辅警任司法所人民调解员试点工作，推行以人民调解方式化解非治安案件类纠纷；各区司法局创新推动行业性、专业性人民调解组织建设，××区成立了全省首家自贸区贸促商事（人民）调解中心，××区成立了全省首家知识产权纠纷人民调解委员会，××区成立了全省首家互联网经济纠纷人民调解委员会，××区成立了全省首家律师个人调解工作室。创新学法考试模式，组织全市国家工作人员在"××普法"微信平台进行年度学法考试，合格率100%。监管场所深入贯彻治本安全观，戒毒场所全面深化"三三六"、"6121"戒毒工作模式，创新戒毒人员医疗保障模式，将××市户籍戒毒人员纳入医保，深化"所院医疗合作模式"，探索吸食新型毒品致精神异常人员的诊治、管控措施。在全省率先与公安机关联合出台限制社区服刑人员出境的"双报备"防范机制。

三、扎实开展更加干净整洁平安有序百日攻坚行动

深入贯彻落实市委×××书记关于市容市貌品质跃升"更干净、更整洁、更平安、更有序"的指示精神和×××市长关于推进城市管理重点工作的有关部署，为党的十九大顺利召开营造安全稳定的社会环境，从7月1日至10月10日，全市司法行政机关组织实施更加干净整洁平安有序百日攻坚行动。开展了矛盾纠纷大排查大调解行动、百日万场法治宣传教育行动、千名法律顾问下村（社区）行动等专项行动，各牵头落实单位主动作为，通过强化领导、细化措施、量化考核、定期通报等方式推进行动取得实效。

四、全力打造全国公共法律服务最便捷城市

律师工作成绩显著。全市共有676家律师事务所1.2万名执业律师，××律师工作有15个案例入选全国司法行政案例库。深入推进一村（社区）一法律顾问工作，签约村（社区）达2685个。制定实施《××律师986提升计划》，提出以86项措施打造国际法律服务中心。开展"百名专家律师公益法律服务活动"，解答群众各类法律咨询超过1874宗。成立××市律政营商环境研究院、律兴律师业务发展研究院和律师协会海归律师联谊中心，建设律师专家智库和政产学研交流平台。在全市11个区成立律师工作委员会，将律师管理服务体系延伸到区一级。1500多名律师担任各级党政机关法律顾问，并在市城管委推行律师驻队试点工作，在市侨办设立涉侨法律服务联络点。成立"维护律师执业权利中心"和"投诉受理查处中心"，推动律师全行业健康发展。

公证工作稳步推进。完成了××市公证协会换届选举工作。拓展创新公证业务领域，全市有5家公证机构开展了公证参与人民法院司法辅助事务试点工作，××公证处公证参与司法调解案例入选全国首批司法行政案例库，××公证处、××公证处成为全国"综合性公证养老"服务试点公证机构，××公证处成为全省"最多跑一次"试点公证机构。××公证处开辟了办理商标类公证专窗，××公证处成立了"公证证据保全部"。全年全市公证机构共办理各类公证47.43万件。

司法行政基层工作不断强化。加大公共法律服务实体平台建设，修订示范司法所建设标准，目前已建成23个示范司法所、镇（街）公共法律服务工作站示范点、人民调解中心。完成18个基层法律服务所和87个基层法律服务工作者的年检注册工作。深入推进刑满释放人员安置帮教工作，建成全省最大规模过渡性安置基地和社区矫正基地，全市共有过渡性安置基地（点）224个。各区司法局与监狱、戒毒所全面签订了"帮教无缝衔接"工作协议书。加大人民调解工作力度，出台推进行业性专业性人民调解工作实施意见，深化警调、检调、诉调对接机制，推行驻村（社区）律师兼任村（社区）调解委员会副主任制度，全市人民调解组织调解纠纷成功率达99.19%，扎实推进市重点整治地区联系点××街社会治安综合治理工作。

普法宣传工作全方位推进。落实"七五"普法规划和市人大常委会《关于开展第七个五年法治宣传教育的决议》，强化"谁执法谁普法"责任制，131家市直单位出台了年度普法责任清单并向社会公开。抓紧抓实"关键少数"学法，出台《××市国家工作人员学法用法制度》，举办副局级以上领导干部《网络安全法》培训班，组织全市国家工作人员年度学法考试，企事业人员首次在"广州普法"微信平台进行考试。加强青少年学法，全年全市法治副校长和校园法律顾问上法制课4592次。积极开展送法进企业活动，全年共开展法律进企业活动和企业法治讲座3295场。推行精准普法，天河区的精准普法经验得到市领导批示肯定。围绕宪法日、两委换届选举等开展主题普法活动，全年共开展"法律六进"活动21 599场，发放宣传资料526.15万册（份）。在《××日报》刊登41期普法专栏，在××广播电视台"经济与法"频道设置15个法治栏目，其中《法治时空》、《律政开讲》分别获得2016－2017年度全国电视法制创优评选三等奖。构建"××普法＋"新媒体矩阵，全市共开设普法微信公众号94个。推进渗透式普法项目管理，在全市2000多个村（社区）宣传平台、5500辆公交车、3000辆出租车以及地铁、机场等播放普法公益广告。全面优化法治创建，全市有1985个村（社区）申报省级民主法治村（社区），59家500人以上规模企业达到省级企业法治文化建设标准，有13个区级法治文化主题公园申报省级创建。深入推进全民禁毒宣传教育工作，举办禁毒巡回展128场，宣教区域覆盖广州11区。招募200名禁毒宣传志愿者，组建"禁毒童星义演队"、"禁毒志愿者服务队"。驻点大学城，向在校学生开展毒品预防教育。

进一步推动司法行政法治建设进程。司法行政立法工作有效开展，推动政府规章《××市法律援助实施办法》修订，近年来出台规范性文件10件。深化"放管服"改革，承接省司法厅委托下放的18项省级行政职权事项，完善权责清单动态管理，推行"双随机一公开"事中事后监管模式，加强行政审批标准化工作。强化执法监督，推行"行政执法公示制度、执法全过程记录制度、重大执法决定法制审核制度"试点工作。聘请法律顾问加强法制审核工作。

规范发展司法鉴定工作。落实最高法院和司法部关于司法鉴定管理与使用衔接机制的意见，为司法机关和社会公众提供优质高效的司法鉴定服务，全年办理司法鉴定案件6.5万件。联合市发展改革委制定《关于司法鉴定收费管理办法》，规范司法鉴定收费管理。落实国务院解决无户口人员登记户口问题政策，为公安机关、卫生行政机关、公证机构和社会公众提供便捷的亲子鉴定服务。司法鉴定信息化管理模式得到广泛推广，司法部专门委托我局制定"全国司法鉴定信息化标准规范"，树立了××司法鉴定新形象。

升级法律援助便民举措。与市法院联合出台刑事案件律师辩护全覆盖工作实施细则，是全国第一个刑事案件律师辩护全覆盖城市。积极推进认罪认罚从宽试点工作，在17家看守所和16家法院建立了法律援助工作站，实现了市区两级法院和看守所法律援助工作站全覆盖。开展法律援助便民服务窗口标准化建设，12个服务窗口全部通过省厅验收。开通××法援微信"预约咨询"和"法援申请预受理"功能。积极推进免费诉讼担保工作，提供法律援助案件免费诉讼保全担保项目的公司增至3家。策划推出"关爱妇女、情暖羊城"妇女权益保护等8个法律援助基金会项目。全年承办各类法律援助案件1.5件。

严密组织国家司法考试。2017年××考区共有15 319人成功网上报名，并通过审核取得参考资格。选择两所考点学校推行"考场安全管理系统"，司法考试组织工作连续16年实现试卷零失泄密、答题卡（纸）零漏封装、答卷零雷同、考区零重大突发事件发生、考场零重大违纪作弊、考生零投诉的"六个零"目标。

五、坚持将治本安全观贯穿司法行政执行工作全过程

监狱管理规范有序。××监狱完成竣工验收，扎实推进规范化示范监狱创建工作，强化人防、物防、技防、联防四位一体安防网络建设，推进"电子手铐"、"电子脚镣"、移动视频、生命探测仪等科技手段，监管实现智能化、精细化。认真排查掌握在押罪犯现实表现和改造思想动态，强化重点管理制度执行。组织开展大型防脱逃应急演练，着力提高处置突发事件能力。创新教育改造方式，健全完善教育改造质量评估体系，做好出入监罪犯心理测试评估。

戒毒矫治工作取得新成效。全市戒毒场所全部建成课堂教学中心、心理矫治中心、康复训练中心、职业技能培训中心，成立病残吸毒人员收治分流中心，××所增设医疗戒治中心，××所增设诊断评估中心。全市建成7个社区戒毒康复工作指导站，解戒人员实现无缝。精心举办"6·26"国际禁毒日、"崇尚科学、反对邪教"等主题宣传教育活动，全年开展社会帮教活动82次，文艺汇演18次，未成年人强戒所举办的"远离毒品、健康人生"大型禁毒宣传及家属开放日帮教活动，在中央电视台12频道"6·26"国际禁毒日特别节目中播放。××强戒所、女子强戒所5个案例入选全国司法行政案例库；××所与高校合作开发的"我国戒毒人员体质健康评定标准系统"软件获国家版权局颁发计算机软件著作权；××强戒所建立青少年法治教育基地，一年来350多人来所接受法治教育；女子强戒所设立"知行学堂"，在戒毒人员中开展传统文化教育。6个强戒所实现"六无"安全目标受到司法部戒毒局通报表彰，市戒毒局连续5年实现"六无"安全目标。

社区矫正监管措施到位。实施社区矫正电子手环监管手段，对符合条件的社区服刑人员100%实现智能监管。完善在线教育学习平台，对社区服刑人员实行集中教育与远程教育相结合方式，组织部分社区服刑人员到监狱、强戒所接受震撼教育。××、××区司法局率先对接司法部社区矫正远程视频督察系统，实现部省市区街五级连通。在全省率先出台社区服刑人员法定不批准出境"双报备"防范机制，入选第一批全省司法行政创新类示范培养项目。拍摄社区矫正工作规范教学片成为全省执法规范教材，××、××、××、××区选编的社区矫正业务案例入选全国司法行政案例库首批案例。司法社工工作进一步发展，253名司法社工参与社区矫正矫治帮扶工作。建成市社区矫正指挥中心、区级社区矫正中心。成功举办首届穗港澳司法社会工作研讨会。

六、信息化智能化建设快速发展

加强信息化建设统筹力度，成立局科技信息化领导小组，完成局智慧司法信息化建设三年规划编制工作。围绕"打造全国公共法律服务最便捷城市"目标推进××公共法律网上服务大厅智慧化、智能化建设。依托"××司法"微信公众号推出"微＋司法行政"公共法律服务。成功开发智能机器人"法宝宝"，实现法律问题人工智能问答，法律咨询服务103万人次。完成全系统政法三四级网主体建设，完成11个区司法局、171个司法所政法三、四级网络接入和配套建设工作，完成率达到100%。推进市党员干部法纪教育基地信息化系统建设。开展视频资源接入和建设工作，完成局属单位、××市城市管理智能化视频系统视频资源接入工作，完成××监狱市社会治安与城市管理智能化视频系统建设。2017年全系统未发生网络安全事件，××市司法局门户网站、××国家司法考试信息系统、××市公证信息管理系统等三个信息系统通过了网络安全等级保护测评。加快"智慧公证"建设，××公证处开发了微信公证服务小程序"公证lite"，实现首例公众号申办"国内＋涉外"公证模式。××公证处依托××市电子证照系统，在国内率先实现公证书电子化建设。全面应用人脸识别技术，全市9家公证处已接入"××e公证服务"网，初步实现"让数据多走路、群众少跑腿"目标。建成司法数据资源目录，规范数据归集、存储、共享、使用，信息数据"一次采集、全程共享、深化应用"。建成社区矫正远程督察系统和远程帮教探视系统。建设了集"信息公开、政民互动、在线办事、政务应用整合"四位一体的司法门户网站，逐步将市局办公自动化系统、司考信息化管理系统、司法鉴定业务管理系统、公证管理在线平台以及学法考试系统等迁移到市云平台。

七、着力打造过硬司法行政队伍

深入推进全面从严治党。强化书记抓基层党建工作责任制，市局2017年×
×公证处书记项目入选市级"书记项目"库。利用"网格+网络+党建"一体化信息平台建立党建工作监督评估系统，实现对基层党建动态跟踪和实时管理。开展"强基础抓规范有担当"主题实践活动。×××律师事务所党委被评为省级党建示范点。

加大队伍选任交流力度。加强规范化制度建设，制定实施《××市司法局处级干部选拔任用工作规程（试行）》等5项规章制度。严格落实好干部标准和"凡提四必"工作制度，选优配强各级领导班子。深入推进"两学一做"学习教育常态化制度化。

持之以恒推进纪律建设。开展2017年纪律教育学习月活动，召开专题讲座，观看廉政教育片，参观红色家风图片展，党员随身微学习完成率达100%。市党员干部法纪教育基地建设取得新进展。加强廉政风险防控，建立监督评估系统并延伸至局属各单位，签订党风廉政建设责任书39人次，制定各级领导班子成员个人防控表140个、部门权力运行流程图277个。建立党风廉政建设领导小组工作规则，制定了"一把手"监督十项措施和权力清单。深入推进基层正风反腐专项治理，落实市委巡察发现问题清单自查自纠，开展实地督查66次，推动整改问题27个。实施"一案双查"制度，对发生违法违纪案件的单位，既坚决查处案件当事人，又严肃追究所在单位相关领导责任。

此外，计财装备、精准扶贫、老干和工青妇、后勤保障服务、信息调研、档案管理、车辆和交通安全等工作也取得新的进步，有力服务保障了全局整体工作。

2017年，全市司法行政工作得到了上级机关、人民群众和社会的高度关注和广泛认同。省、市相关领导对我市司法行政工作给予了充分肯定。全市司法行政系统担任各级党代会代表、人大代表、政协委员94人。全年有55个集体、159名个人受到国家、省、市表彰。××公证处×××、×××律师所×××被评为"全国最美法律服务人"，××区×××、××区×××、××区×××3名人民调解员被评为"全国模范人民调解员"，××区琶洲国际会展区域调解委员会被评为"全国模范人民调解委员会"。××区司法局×××、××强戒所×××、××监狱×××、市法律援助处×××4人先进事迹在××电视台"××榜样"栏目播放，并在《新快报》整版刊登。全市司法行政工作被《法制日报》、《南方日报》、《广州日报》、《羊城晚报》、广州电视台、人民网、新华网、大粤网、司法部微信公众号等中央、省、市主流媒体宣传报道、刊发转载 1000 余篇次。

××市司法局

2018 年 3 月 28 日

（摘自广州市人民政府网，http://www.gz.gov.cn/gzgov/s2823/201803/1cca97993a96425590bf5c83c0aa6654.shtml，最后访问时间：2018 年 7 月 23 日，有删改。）

项目三　情况汇报写作实训

为加强辖区娱乐场所治安监督管理力度，不断强化娱乐场所安全防范意识，预防和查处娱乐场所涉黄、涉赌、涉毒等违法犯罪活动，创造安全稳定的社会环境，×年9月25日，××市公安局下发通知，要求所属派出所在国庆期间，对辖区内娱乐场所、洗浴场所开展安全检查，将各种各样的安全隐患消灭在萌芽状态中。××派出所接到通知后，高度重视，召开紧急会议部署安排工作，最后要求办公室小王根据排查检查情况，写一份情况汇报。

你认为在撰写情况汇报时需要涉及哪些方面的内容？结构有什么要求。

情况汇报的结构	情况汇报的内容

一、文种模板

标题	××（单位）关于××（内容）的情况汇报（文种）
称谓	××（单位）：/×厅长：/各位领导、各位同仁：

正文	一、开头 基本情况概述（要写清：在××状况或要求下，主要针对××问题做了××工作，效果如何……现将具体情况汇报如下：） 二、主体（这部分要分条列项写）主要写：主要做法或经验教训或存在的问题 　　1.×××××××××（主题句） 具体阐述为什么，怎么做的，等等 　　2.×××××××××（主题句） 具体阐述为什么，怎么做的，等等 　　3.×××××××××（主题句） 具体阐述为什么，怎么做的，等等 …… 三、结尾（分条列项写），主要写今后的打算或努力的方向或整改的措施等 　　1.××××××××× 　　2.××××××××× 　　3.××××××××× ……
落款	××××（单位名称） ×年×月×日

二、写作提示

情况汇报是下级向上级陈述工作情况时所使用的一种事务文书。

（一）写作结构

情况汇报通常由标题、称谓、正文、落款四部分构成。

1. 标题。标题有两种形式：一种是可以直接用文种做标题，如"情况汇报"；另一种是采用公文标题写法，由单位（部门）、内容和文种组成，如《×××关于开展争先创优活动的情况汇报》，也可以省略部门，如《关于落实绩效考核制度的情况汇报》。

2. 称谓。称谓可以是上级机关或领导。向单位汇报，则写单位的全称或规范化简称，如果向领导汇报，则写领导姓氏和职务，如，王厅长。如果是在大会上汇报，则要根据与会者的身份来称呼，例如面对领导和老师时，可以写成"各位领导、各位老师"。除了大会汇报外，一般情况汇报的称谓只有一个。

3. 正文。情况汇报的写法，基本上和总结的写法是一致的，其正文的基本结构一般也是由基本情况概述、做法成效、经验启示、存在的问题与不足、今后打算等内容构成。具体来说，有以下几种写法：

（1）如果是本单位、本部门的工作达到一定阶段时，需要向上级汇报情况，就要写明工作进度，成绩与不足，困难与问题，及下一步打算等，以便能及时得到上级的指导与支持。

（2）如果是就某一项专门工作而写的专题情况汇报，在写法上除了写过程、结果外，重点应放在取得成绩和总结经验上，有分析、有归纳，类似于工作总结的写法。

（3）若是向上级机关反映本单位发生的或与本单位有关的新情况、新问题的情况汇报，写法较自由，以陈述情况为主，侧重于写清楚事情的原委、性质和自己的看法，也可提出处理这一问题的意见，供有关领导参考。

正文是情况汇报的核心，一定要突出重点，详略得当。这里需要说明的是：如果上级要求讲经验、讲做法，谈体会，那么工作做法或经验，或成绩，或办法措施就是重点。如果上级要求找问题、查不足，那么存在的问题或教训等就成为写作的重点，不能仅仅是摆事实，还要进行深入的分析、归纳和概括。如果上级要求谈整改措施，那么今后的努力方向或下一步的打算或整改措施就成为写作的重点。总之，要根据要求确定主题，选择材料、安排结构。

4. 落款。署名与日期。

（二）写作要求

1. 情况汇报必须按照上级单位或领导的要求进行搜集、选择材料，确定主题，这是写作情况汇报的最基本的原则。

2. 对所反映的情况要调查核实，以免失实。

3. 汇报要简明扼要，突出重点。

4. 要叙议结合，叙议得当。

5. 要善于理性分析，深入挖掘，认真提炼概括，写出思想深度。

三、任务实施

请你根据"想一想"中××派出所所做的主要工作，试着代干事小王写一写。

改一改

请指出这份情况汇报中存在的问题，并谈谈如何修改。

××烟草专卖局自查工作开展情况汇报

为贯彻落实省局（公司）领导在党组理论学习中心组读书会上的讲话精神和市局下发的《××市烟草专卖局（公司）卷烟规范经营工作自查实施方案》精神，全面提升××局（部）规范水平，促使企业平稳健康发展，近期我局采取以下措施开展卷烟规范经营自查工作。

一、制定了《××烟草专卖局（营销部）规范卷烟经营行为专项自查实施方案》，成立了以经理（局长）××任组长的规范卷烟经营行为专项自查工作领导小组，负责对全县规范卷烟经营行为专项自查工作的组织领导和全面督导。

二、统一思想，提高认识

今年以来，我局（部）多次召开中层会议和全体职工会议，传达省市局关于规范卷烟经营的电视电话会议和专题会议精神，从思想上统一广大干部职工对严格规范"生命线"的认识。

1. 召开中层规范经营会议，传达了省、市局领导关于签订《××年规范卷烟经营责任书》的精神，学习了责任书的内容，并进行了研讨，对下半年的规范经营工作进行了安排部署。

2. 召开全体职工会议，局部领导传达了省××局长在省局（公司）党组理论学习中心组读书会上的讲话精神，并对今后的规范经营工作提出了更高的要求。

3. 市局下发《××市烟草专卖局（公司）卷烟规范经营工作自查实施方案》之后，我局（部）根据方案要求，首先召开相关人员会议，对方案进行了学习、理解、提高；其次把自查方案下发到各科室、所（队），要求以科室、所（队）为单位组织自学，达到人人准确理解自查方案的目标、原则、范围、内容等要求，打牢思想基础。再次根据自查阶段要求，把具体的自查工作按照部门进行了分工，印发了自查表格，要求大家分工加协作，认真对自查表格进行填写和梳理，全面自查不留死角。

以上是××局（部）自查工作的开展情况，随着自查工作的阶段性推进，我局（部）将按照自查方案的要求，稳步推进，把自查做实、做细，不走过场、不留死角，勇于发现问题，暴露问题，确保"卷烟上水平"建立在更加严格规范和扎实工作的基础之上，确保广大干部职工从业的安康。

请评析下列例文，谈谈你的观点和看法。

关于环境保护工作开展情况的汇报

××市政府：

2015 年，我市以实施新《环保法》为契机，不断加大环境保护工作力度，强化属地管理责任，深入推进大气污染防治，严格执法，狠抓落实，环境保护工作取得了一定成效。现将我市环境保护工作开展情况汇报如下：

一、加强领导，高度重视

（一）强化领导。严格落实《××市环境保护"党政同责、一岗双责"暂行规定》（×字〔2015〕19 号），成立了环境保护工作领导小组，定期研究解决环保工作中存在的突出问题，部署各项重点工作，总结分析我市面临的环保形势。同时，市政府与各乡镇、办事处、开发区、××工业园区和相关部门签定了《环境保护目标责任书》，将工作任务分解下达到各责任单位，要求党政一把手对环保工作亲自抓、负总责。并在全市编制非常紧张的情况下，由市编办发文，在各乡镇设立了"环境保护和村镇建设办公室"，逐步建立了政府负总责、环保部门综合监管、有关部门各司其职、群众积极参与、新闻舆论有效监督的齐抓共管格局。

（二）及时部署。2015 年，市委、市政府先后组织召开各类环保工作会议 21 次，印发《2015 年度环境保护工作要点》等文件 145 个，3 次召开市委常委会、2 次召开政府常务会听取环保工作专题汇报；市政府主要负责同志亲自主持召开全市环境整治攻坚行动动员会、安全生产暨环境保护工作会议、"2015 利剑斩污"专项行动暨大气污染防治会议，并多次到乡镇、企业、工地等进行现场督导调研，一招不让地抓好各项工作落实。

（三）严格督导。市委市政府督查室、市纪委监察局采取"三不三直"的方式，不定期到乡镇、企业、工地，对环境保护工作落实情况进行巡回督导，发现问题，立即组织整改。对存在问题较多的乡镇，由市纪委监察局诚勉谈话，限定时间整改，到期完不成的，立案追责。12 月 23 日××新闻网曝光我市××铝业有限公司厂区内在用一台 0.2 吨燃煤取暖锅炉，12 月 25 日我市被省厅领导约谈后，我市立即启动追责机制，对企业所属辖区××工业园区管委会主任×××进行了约谈，责令园区管委会向市政府写出书面检查，由市监察局对园区管委会主管副主任×××、园区包企业责任人×××予以诫勉谈话。并以省厅约谈为契机，深刻汲取教训，举一反三，对全市所有非法燃煤工业企业进行拉网式排查，严厉查处违法行为。

二、取得的工作成效

（一）严厉打击环境违法行为。按照省、×部署，深入开展环保大检查和环境整治攻坚行动，对全市生产性企业进行全面调查，并按照"一企一档"原则，建立完善了 4722 家企业档案。全年累计开展联合行动 84 次，关停取缔违法企业 93 家，组织 68 家链轮锻造企业投入整改资金 2720 余万元，实施煤改电、煤改气工程；对 177 家燃煤企业采取了断电停产整改措施；拆除燃煤土炉 103 座，63 家企业对原有治污设施进行了升级改造，19 个行业 573 家企业完成清洁能源替代；行政处罚 111 家，移交公安机关案件 21 起，12 人被判处有期徒刑，有效提高了环境执法的威慑力。

（二）大气环境质量得到有效改善。2015 年，累计淘汰××区燃煤取暖锅炉 140 台，削减燃煤 17.9 万吨；43 座砖瓦窑全部关停并拆除；××热电 1#、2#机组完成超低排放改造；建成 2 个洁净型煤配送中心，推广洁净型煤 1.16 万吨，推广环保炉具 2.22 万台。成立了渣土车运输公司，96 辆渣土运输车辆全部采取了全密闭措施，安装 GPS 卫星定位系统，渣土车无序经营、撒漏扬尘等问题得到有效控制；28 家煤场、14 家砂石料厂全部迁出建成区；完成 4 家预制混凝土企业和 140 万平方米建筑面积的施工工地扬尘综合整治；划定了机动车限行区，累计淘汰黄标车 19 008 辆，购入新能源公交车 500 辆，汽车环保标志发放率达到了 70% 以上。取缔了××区内 126 家露天烧烤店，69 家进店经营，并全部使用无烟烧烤炉具；编制了《××市重污染天气应急分预案》，18 个乡镇、8 个市直部门、52 家企业编制了重污染天气应急预案，进一步提高了应急管理能力；向省、×争取大气治理资金 4778.36 万元，用于扬尘污染治理、洁净型煤替代、工业锅炉改造等 10 项大气环境治理项目。2015 年 1 – 12 月份，我市环境空气质量达标天数 104 天，优良率 28.5%，与去年同期相比增加 44 天，提高 12%；重污染以上天气 63 天，同比减少 38 天，降低 10.4%，大气环境质量显著好转。

三、存在问题

虽然环保工作取得了一定成效，但仍然存在诸多问题。一是企业环保意识淡薄，转型升级进展缓慢，升级治污设施不积极主动，偷排偷放、恶意排放情况时有发生；二是相当一部分企业受产业政策、总体规划、土地手续、入园进区等条件限制，环保手续无法完善，环境监管面临巨大压力；三是 2015 年冬季以来空气质量较差，特别是 12 月份出现多次、连续雾霾天气，受主客观因素影响，扭转大气环境质量任务艰巨、难度较大；四是由于城区污水管网不完善，为避免城市内涝，每年汛期需要提闸放水，生活污水大量涌入市区周边干渠，造成市区主要干渠形成黑臭水体，群众反映强烈。

四、意见建议

（一）开展"未批先建"项目清理整顿工作。按照省厅有关政策要求，对违规项目按照"淘汰一批、规范一批、完善一批"的原则分类分批进行处理，促使企业转型发展、规范发展。

（二）完善城区污水管网。加快城区污水管网建设，尽快实现雨污分流；实施清淤工程，治理主要干渠，提升我市水环境质量。

（三）严厉打击环境违法行为。以开展"2015 利剑斩污"专项行动为契机，进一步完善公检法环联动执法机制，严厉打击环境违法行为，切实解决一批群众反映强烈的突出环境问题。制定专项方案，以强力措施推进减煤、降尘、治企、禁烟、控车、增绿等大气污染防治工程，努力改善我市大气环境质量。

（四）强化宣传引导。继续开展"送法入企"、世界环境日、"法律八进"等宣教活动，提升公众环保意识。

××市环境保护局

2016 年 3 月 25 日

（摘自 http://zwgk.cangzhou.gov.cn，最后访问时间：2018 年 4 月 18 日，有删改。）

项目四　实习报告写作实训

按照学校的统一安排，2014 年 6 月 20 日 – 2015 年 5 月 30 日，12 级法律事务专业学生张建华到××律师事务所顶岗实习，师从张美凯律师，主要任务是接待当事人，整理案宗，跟随老师调查取证，撰写诉状等。实习期满，学校要求每人写一份实习报告。

你认为在撰写实习报告时需要涉及哪些方面的内容？结构有什么要求。

实习报告的结构	实习报告的内容

一、文种模板

标题	实习报告
开头	（实习基本情况概述）即：按照××要求，××时间在哪里实习，在实习指导老师×××的指导下，主要完成了什么工作任务，取得了哪些方面的成绩，现将具体实习情况汇报如下：
主体	一、主要收获 1. ××××××（提炼出主题句） 陈述具体做法 2. ××××××（提炼出主题句） 陈述具体做法 3. ××××××（提炼出主题句） 陈述具体做法 …… 二、实习体会 1. ××××××（提炼出主题句） 陈述具体做法 2. ××××××（提炼出主题句） 陈述具体做法 …… 三、今后的努力方向 1. ×××××× 2. ××××××
落款	××× ×年×月×日

二、写作提示

实习报告是各类人员将实习期间工作学习的过程、结果以及体会用书面文字表达出来形成的文字材料。

（一）写作结构

实习报告的结构通常由标题、正文、落款三部分构成。

1. 标题。标题有三种形式：一是用文种做标题，如"实习报告"；二是内容＋文种，如"法院实习报告"；三是新闻式，由正标题和副标题组成，如"实践出真知——××司法所实习报告"。

2. 正文。由基本情况概述、主要收获、做法或体会、今后的努力方向或几点思考等组成。

（1）基本情况概述。主要和概括地写：什么时间，按照什么要求，到哪里实习，主要做了哪些事情，主要有什么收获等，现将具体实习情况汇报如下。

（2）主要收获（体会）。这部分的内容是重点，要结合学校的理论学习与实践部分的实际相结合，深入思考，要分层表述，提炼出自己的主要收获或体会。

（3）今后的努力方向（几点思考）。这部分是将实践部门的实习体会与你今后的学习、生活结合后的新思考、新想法。

3. 落款。署名与日期。

（二）写作要求

1. 报告必须写自己的实习经历、见闻和感悟体会。

2. 如有引用或从别处摘录的内容要表明出处。

3. 要简明扼要，突出重点。

4. 要叙议结合，叙议得当。

5. 要善于理性分析，深入挖掘，认真提炼概括，写出思想深度。

三、任务实施

请你根据"想一想"中张建华在律师事务所实习所涉及的内容，写一份实习报告，请代其试着写一写。

改一改

请指出这份实习报告中存在的问题，并谈谈如何修改。

编辑工作实习报告

编辑工作需要激情，耐心和细心。

编辑部的工作者们每天都要争分夺秒地修改、编辑，还要经常加班，有时每天只能睡四五个小时。但我从来没从他们的脸上看到疲惫和厌烦，他们总是精神饱满地投身于自己的工作中。我想，正是这份对工作的激情支持着他们。如果没有激情，他们不可能为此付出如此巨大的精力。

激情让我们对工作充满热情，愿意为共同的目标而奋斗；耐心又让我们细致地对待工作，力求做好每个细节；细心让我们严把每一份稿件，做到精益求精。

编辑部的工作既繁琐又枯燥无味，无论严寒酷暑，他们都得静下心来慢慢地阅读稿件。如果没有耐心，他们不可能坐在办公室不厌其烦地工作着。细心同样很重要，因为这关系到新闻播出效果的好坏。哪怕一个字，一个小小的标点符号，都会影响到新闻播出的质量。所以，即便他们再累也得提起精神，仔细检查，宁可多看几遍，也不愿意放过一个错误。如果细心。他们不可能做出如此高质量的新闻节目。

在编辑部工作也有很闲的时候。没稿件的时候，编辑们都会看看杂志和报纸打发时间，或是聊聊天，说说笑。而此时，我总会很自觉的地抓紧时间多看看些新闻编辑的书籍或是拿出之前改好的稿件，学习和总结一些常见的稿件错误。

总之，编辑部是一个既充满欢乐气氛又可以学习和拓展知识面的地方。

实习让我收获了很多，无论是理论上的知识，还是实际生活中的知识，这些知识都让我受益匪浅。我认识到在学校学好本专业知识的同时，还应该多参加些社会实践，拓展自己知识面，提高自己的综合素质，不断学习，多思考，多练习，多听多看。同时要学会与人相处和沟通，处理好人际关系。

任何事情都要对自己有信心。相信在我们的努力下，"有志者事竟成"。

请评析下列例文，谈谈你的观点和看法。

律师事务所实习报告

今年暑假，为了更加深入地了解专业与行业的实际情况，并将所学知识与实践相结合，我前往×××律师事务所进行了为期一个月的实习，将自己置身于真实的法律职业环境中。我确立多看、多听、多问、多做的原则，服从工作安排，积极完成律师交办的工作，在×××律师及其他老师的悉心指导下，我初步掌握了律师事务所的运作程序和律师的办案经过及技巧，弥补了知识上的不足，增长了社会见识，对自己学习和掌握法律、运用法律有了一个全新的认识。现将具体实习情况报告如下：

一、主要收获

1. 通过整理卷宗熟悉了律师整个办案流程和司法程序

整理卷宗几乎是每个法学专业的实习生都要做的事。我初到律师事务所的首要任务就是整理卷宗，看似简单的工作其实在你没做之前还是需要时间去熟悉和掌握的，比如装订次序排列就和办案流程紧密相关，也和相应的司法程序相对应。以民事卷为例，律师承办案件首先是要有律师事务所的批单，然后与当事人签订委托代理协议，取得授权委托书；然后是根据案情所撰写的起诉书、上诉书或者答辩状；接下来是组织调查材料以形成的证据，包括谈话笔录、证人证言和书证物证；最后再综合形成律师代理词。如果这个案件是法院已受理或者已结案，还需要有出庭通知书、举证通知书、判决书、裁定书等法院材料。因此，只要你认真和细心，通过整理卷宗你就可以了解熟悉律师的办案流程及相应的司法程序，这很重要。

2. 通过运用法律知识撰写法律文书以弥补知识上的不足，积累实践经验

本来在学校还没有学习法律文书，但实习期间我先是根据需要模仿一些固定格式文书，所以上手也较快。例如委托书、答辩状等。但后来发现，一份高质量的法律文书是需要专业知识和经验技巧做支撑的，例如，某律师要求我起草一份银行的法律意见书，其中涉及的是银行业务知识、合同法、担保法及法律风险等专业实务知识，这要求我应先掌握其相关知识。我想空洞的头脑和简单的思维断然写不好甚至写不出。又如我在修改合同书和写刑事控告书的时候，我在法言法语和文书内容安排方面的生疏就被律师指出。这时我才充分体会到知识的运用也需要良好的表达和实践经验，同时也需要严谨的法律思维。

法律文书关系到法官对事实认定和证据采信，措辞必须严谨，思维必须缜密，法律文书写好后需要反复修改。

3. 通过协助律师咨询和律师开庭提高实务技巧

本次实习前，我已经制定了周密的实习计划，我学习的重点就是律师的实务技巧。要想提高办案水平和能力，最好的办法就是跟随律师办案。虽然这次实习中跟随律师办案的机会不多，但我还是尽量把握。通过旁听律师咨询过程学习律

师接待当事人的方式和分析问题的思维特点；通过旁听庭审了解案件的审理过程和律师在其中的辩论技巧、言行举止。有时我也学学组织证据和记录要点，有问题也随时请教。

二、几点思考

1. 明确实习目的，制定实习计划是实习重要的环节

实习之前，我就已经明确实习目的和制定了实习计划，这使得我在实习过程中有的放矢，积极主动寻找锻炼机会，并得益于许多律师的指点帮助，我的实习内容丰富多彩。这些工作有助于锻炼我的各种能力，也是以后职业生涯中必不可少的环节和方面。

2. 树立法律职业敏锐性和法律人思维

律师的工作是严谨和实事求是的，律师的思维是敏锐与辨证的。面对案件，律师根据自身知识和经验往往很快便能着手解决。而面对问题的分析讨论，律师更是滔滔不绝，有理有据。我观察律师的临场发挥，通过讨论获取知识、更新知识。

作为律师，就要树立法律职业敏锐性和法律人思维。为此我认为要提高动笔能力和保存有益信息的意识。实习中，我习惯将所见所闻所思记下来，有时也展开分析，形成自己的观点，如实习期间我写了《律师在和谐惠州建设中的地位和作用》、《物权法与和谐社区建设》两篇论文，又比如对证据规定、审判委员会、法院开庭等问题，我不仅进行了较为深入的思考，同时还搜集资料，与指导老师讨论等，然后进行分析，形成书面文字，这对我树立法律职业敏锐性和法律人思维有极大的帮助。

3. 打好理论知识的基础，抓好实践这个关键

在短短一个月的实习过程中，我深深感到自己所学知识的匮乏。以前在学校以为自己的学习能力不错，但如今接触到实际，才发现自己还很肤浅。实践经验也很重要，我有时发现有些知识倒是掌握了，但是如何运用却不知从何着手，甚至束手无策，这就是实践经验重要性的体现，经验往往能提高效率。我想到严重的一点就是既没知识又没经验，因为大学本科的法学教育往往重理论、轻实际，重知识、轻技巧。有时也许觉得实习无事可做，最根本的问题源自于基础知识不牢固，实践重视不够。

4. 非诉讼业务在法律行业中的具有重大前景

律师事务所的业务有诉讼和非诉讼两种类型，而随着社会经济的迅速和多元化的发展，非诉讼业务已成为越来越多律师事务所的主要业务组成部分和市场发

展方向。我所在的律师事务所与金融机构和大中型企业集团建立了长效的合作机制，为其提供合同起草与审查、土地转让、国有资产管理、股票证券、银行业务、企业破产、法律顾问等非诉讼服务。这些项目的标的往往很大，它表明非诉讼业务市场之大，因此在学校的学习中，要加强这方面知识的学习。

5. 专业化在行业竞争中是非常重要的

我所在律师事务所虽然是综合性的律师事务所，但其每一位律师都是某一特定领域的能手，可根据需要随时组成不同专业领域的律师工作团队，为客户提供特定领域的专业化法律服务。这提醒学法学专业的我，对未来职业发展方向的选择要尽早明确，因为只有明确目标，通过努力学习过硬的专业水平，才能在未来的竞争和业务工作中取得优势。

这一个月的实习，对我接下来的学习和今后走向社会无疑是具有很大帮助的。这次实习不仅让我学到了很多的专业知识与实务技能，而且也了解了作为一个法律人应具备的专业素质与素养，懂得了为人处世的态度和方式。同时我也要感谢××律师事务所，感谢实习期间帮助过我的每一个人。虽然法学专业学生所面临的法律现状和就业前景仍然严峻，我自身面临的问题也很多，但实习带给我的启迪让我继续坚定了法律信仰和职业追求。既然我热爱法律，那么我就相信自己一定能成为优秀的法律人。

×××

×年×月×日

（摘自百度文库，https://wenku.baidu.com/view/26b6e37fba1aa8114431d9d2.html?from=search，最后访问时间：2018年10月5日，有删减。）

项目五 知识链接

一、总结

（一）什么是总结

总结是机关、团体、企事业单位或个人对过去一定时期内的工作、生产、学习等进行全面的回顾、分析、研究，从中找出经验和教训，引出规律性的认识，以明确今后的努力方向，指导今后工作的一种常用事务文书。

总结是现实生活中使用频率最高、应用最广泛的一种文体，也是每个人立足现实的一项最基本的能力。也可以说，总结是应用文写作的基础，学会总结的写作，就能得心应手于典型材料、经验交流材料、述职报告、情况汇报、心得体会、调查报告以及简报等的写作。

（二）总结的作用

总结是对实践的认识，总结的过程是由感性认识上升到理性认识的过程。因此总结具有非常重要的作用，主要表现在：

1. 总结经验教训，指导今后的工作。总结是对过去工作实践的再认识，通过回顾、分析、归纳、概括等形式总结出成功的经验，找出失败的原因，从而找出规律性的认识，以指导和推动下一阶段的工作。

2. 交流经验，互相学习。总结是个体（既指单位、部门，也指个人）对事物的认识和反映，但个体的经验如能揭示出事物的规律性认识，就具有了普遍性，对他人就具有了指导意义。因此总结既是互通有无，又是相互交流、相互学习的一种重要的方式。基于此，在撰写总结的过程中，要把握好两点：一是个体总结时要在充分占有材料的基础上，认真分析、归纳、总结，要找出规律性的认识；二是要多看别人的总结，学习其经验。

3. 为领导的决策提供依据。对于各单位、各部门、各行业的一些好的做法，典型的经验，或教训都可以使上级部门了解下情，及时发现新问题、新情况，及时调整工作的思路，制定相关的政策等。

（三）总结的特点

总结的目的就是要通过实践，提高认识，掌握事物发展的规律，去指导今后的实践活动。因此，总结的主要特点是：

1. 自我性。总结是对自身实践活动进行回顾的产物，是以自身工作实践为材料，采用第一人称的写法，其中的成绩、做法、经验、教训等，都有自我性的特征。

2. 客观性。总结是对实践的客观认识，总结中所列举的事例和数据都必须完全可靠、确凿无误，不能夸大、缩小、随意杜撰、歪曲事实，用客观公正的态度做出评价。同时，总结作为一种人类活动的认识产物，又对客观世界具有直接的指导意义。这就决定了总结要具有客观性特征。

3. 理论性。总结的过程，就是把零散肤浅的感性认识上升为全面本质的理性认识的过程，从而达到提高认识、发扬成绩，吸取教训，更好地指导今后实践活动的目的。所以，总结不能就事论事，要就事论理，要从分析、归纳、概括中找出规律性的经验和教训，体现较强的理论性。

（四）总结的种类

按照不同的分类标准，总结可分为不同的类型。

1. 按照性质来分，有综合性总结和专题性总结。综合性总结又称全面总结，专题性总结也称单项总结。

2. 按内容划分，可分为工作总结、生产总结、学习总结、思想总结等。

3. 按时间划分，可分为月份总结、季度总结、年度总结等。

4. 按范围划分，可分为个人总结、班组总结、单位总结、地区总结等。

二、情况汇报

（一）什么是情况汇报

情况汇报是下级向上级领导机关陈述工作情况所使用的一种事务文书。

（二）情况汇报的使用范围

作为下级机关，有责任做到"下情上报"，保证上级机关耳聪目明，对下面的情况始终了如指掌，这就是情况汇报的意义。它是下情上报、上下级相互沟通的一种重要途径。

如果本单位出现了正常工作秩序之外的情况，譬如发生了事故，出现了意想不到的问题等，对工作产生了一定程度的影响，应该及时将有关情况向上级原原本本地进行汇报。即使对工作没有太大影响，一些有倾向性的新动态、新风气，以及最近出现的新事物等，必要时也要向上级汇报。

情况汇报在职场活动中使用频率高，应用范围广，不仅有上级机关要求的书面汇报，也有本单位、本部门之间要求的书面或口头汇报。因此，下级部门或个人都可以使用情况汇报这种形式向上级机关或领导反映情况，汇报工作。

三、实习报告

（一）什么是实习报告

实习报告是各类人员将实习期间工作学习的过程、结果以及体会用书面文字表达出来形成的文字材料，也可称为"实践报告"。现在多指一些大中专院校学生学完一定专业课程或全部专业课程，根据实际需要进行实习后，向有关方面提交的关于实习经过及其收获与教训的书面报告。

（二）实习报告的资料收集

从开始实习的那天起就要注意广泛收集资料，并以各种形式记录下来（如写工作日记等）。丰富的资料是写好实习报告的基础。主要收集这样一些资料：

1. 在社会实践工作中党的路线方针政策是如何在工作中贯彻执行的。比如单位组织学习，内容是什么、什么学习方式、学习后的效果如何，对自己和同志们的思想有否提高。

2. 专业知识在工作中如何灵活运用。比如法律专业，注意法官或法律工作者在执法过程中是如何灵活运用法律条款，深入了解优秀法官，如何运用法律以外的手段解决民事纠纷，提高结案率的；秘书专业的学生可以直接将秘书实务、应用写作等科目中的问题带到实践中去，在实践中寻求理论与实践的结合点；等等。

3. 观察周围同事如何处理问题、解决矛盾的。实习是观察体验社会生活，将学习到的理论转化为实践技能的过程，所以既要体验还要观察。从同事、前辈的言行中去学习，观察别人的成绩和缺点，以此作为自己行为的参照。观察别人来启发自己也是实习的一种收获。

4. 实习单位的工作作风如何。单位的工作作风对你将来开展工作、发展自己，提高自己有什么启发；某些同事的工作作风、办事效率哪些值得你学习、哪些要引以为戒，对工作对事业会有怎样的影响。

5. 实习单位的部门职能发挥如何。对不同职能部门的工作作风、履行职能的情况有什么看法和认识。

项目六　实训练习

一、填空题

1. ＿＿＿＿＿＿对前一段的实践活动进行回顾、检查、分析和研究，从中找出经验教训和规律性的认识，以指导今后实践而写成的应用公文。

2. 应用写作常用的语言表达方式有叙述、＿＿＿＿＿＿、＿＿＿＿＿＿三种。写总结时，常将三者结合来用。

3. 总结按照＿＿＿＿＿＿来分，有综合性总结和专题性总结。综合性总结又称全面总结，专题性总结也称单项总结。

4. ＿＿＿＿＿＿是下级向上级领导机关陈述工作情况所使用的一种事务文书。

5. ＿＿＿＿＿＿是写好实习报告的基础。

二、单项选择题

1. 在写总结时，如果面面俱到地罗列现象，事无巨细，不分主次，就不能说明问题，更不能提供规律性的借鉴，因此，总结在写作时要求（　　）。

A. 分析正确　　　　　　　　　B. 议论充分

C. 具有说服力　　　　　　　　D. 突出重点

2. 应用文中材料的选择有 4 个标准，以下哪一项不是选材的标准。（　　）

A. 材料要真实　　　　　　　　B. 材料要简洁

C. 材料要新颖　　　　　　　　D. 材料要准确

E. 材料要典型

3. 总结中所列举的事例和数据都必须完全可靠、确凿无误，不能夸大、缩小、随意杜撰、歪曲事实，用公正的态度做出评价。这是总结（　　）特征的体现。

A. 理论性　　　　　　　　　　B. 针对性

C. 客观性　　　　　　　　　　D. 主观性

4. 写总结不能就事论事，要就事论理，要从分析、归纳、概括中找出规律性的经验和教训。这是总结（　　）特征的体现。

A. 理论性　　　　　　　　　　B. 针对性

C. 客观性　　　　　　　　　　D. 主观性

5. 对过去一定时期的工作、学习等情况进行回顾、分析、评价的文种是（　　）。

A. 条据　　　　B. 启事　　　　C. 总结　　　　D. 简报

6. 题为《2018 年度工作总结》正文在宏观上分为五个方面：①主要成绩；②基本做法；③主要经验；④存在的问题；⑤2019 年工作打算，即"成绩——情况——经验——问题——打算"。这是常见的一种程序化的写法，其结构叫作（　　）。

A. 条文式结构　　　　　　　　B. 比较式结构

C. 五段式结构　　　　　　　　D. 总分式结构

7. 一般来说，撰写综合工作情况汇报提纲时，总是将汇报的重点内容一一列出加以阐述。这种撰写方法可叫（　　）。

A. 并列式　　　B. 递进式　　　C. 总分式　　　D. 分总式

三、判断题（正确的打"√"，错误的打"×"）

1. 在应用写作中，文章的结构也相当重要，既要按照逻辑思路安排材料，也要讲究材料的均衡性。（　　）

2. 应用文中结构层次序数依次可以用"一、""（一）""1""（1）"标注。（　　）

3. 在总结的写作中一般是三种人称互用。（　　）

4. 成文日期用阿拉伯数字将年、月、日标全，年份应标全。（　　）

5. 在总结的写作中，结构也相当重要，既要按照逻辑思路安排材料，也要讲究材料的均衡性。（　　）

6. 个人不可以使用情况汇报这种形式向上级机关或领导反映情况，汇报工作。（　　）

7. 专项工作总结的特点是主题集中，内容单一，针对性强。（　　）

8. 写个人总结时，叙事要做到点面结合，详略得当。（　　）

9. 写总结虽不能张冠李戴，以偏概全，但在不影响真实的前提下，可以对某些材料借题发挥，添枝加叶，增强其艺术感染力。（　　）

四、写作能力提升题

1. 请根据实际情况拟写一份本学期个人学习总结，或单科学习情况总结，或某项活动总结，或班级管理工作总结。要求：格式正确规范；材料详实具体；要叙议结合，详略得当。

2. 请查找你所在专业的相关专业岗位资料，结合专业岗位情况，拟写一份部门或单位工作总结。

3. 请结合班级实际情况拟写一篇班级工作情况汇报，并在班内模拟召开班级工作情况汇报会。

4. 请合理扩充下面提供的材料，以××分公司的名义向总公司起草一份不超过 500 字的情况汇报。要求格式规范正确，根据文体要求合理扩充，表达准确。

（1）2017 年 6 月 4 日凌晨 2 时 40 分，××分公司江南百货大楼发生火灾事故。

（2）事故后果：未造成人员伤亡，但该大楼二楼商品被全部烧毁，直接经济损失 350 万元。

（3）事故原因：二楼某个体裁缝经二楼经理同意从总阐自接线路，夜间没断电导致电线起火。

（4）施救情况：事故发生后，分公司领导马上拨打火警，市消防队出动了8辆消防车，至清晨6点，火灾才被扑灭。

（5）善后工作：分公司经理、副经理多次到现场调查，并对事故进行了认真处理。

清山酒店营销部　　　　××派出所×年度　　　　××学院关于高校不稳定
2017 年销售工作总结　　　　工作总结　　　　因素排查工作的情况汇报

个人总结写作实训答案　　单位总结写作实训答案　　情况汇报写作实训答案

实习报告写作实训答案　　　实训练习答案

模块三　简报类应用文写作实训

项目一　专题简报写作实训

想一想

　　青山职业学院为加强校园文化建设，激发全院师生爱校、爱国的蓬勃热情，于×年11月21日在体育馆隆重举行了学院"第三届合唱节"，合唱节分为6个教师队伍和5个学生队伍。合唱节当天，教师队伍及学生队伍合唱了《缆车》《喀秋莎》《时间都去哪儿了》《青春舞曲》等经典歌曲，全院师生都沉浸在合唱的艺术震撼之中。合唱节取得了良好的效果，提升了学院师生的审美水平、增强了团队凝聚力。假如你是学院宣传处工作人员，领导安排你撰写此次活动简报，宣传学院文化建设，请问，你认为需要从哪些方面的进行宣传报道？结构怎么安排？

简报的具体内容	简报的结构

练一练

一、文种模板

报头	××简报	
	（第×期）	
	编发部门	编发日期
报核	标题	
	导语：×××××（活动的目的、主题，举办的时间、地点，参加的人员等）	
	主体：×××××（活动的背景、过程、具体内容、形式、特点等）	
	结尾：××××（活动的意义）	
报尾	报送：××××（上级单位、领导）	
	分送：××××（平级、不相隶属单位）	
	抄送：××××（下级单位）	
	印发时间	印发××份

二、写作提示

专题简报是对某项工作、任务、活动的宣传报道。

（一）写作结构

专题简报由报头、报核、报尾三部分构成。

1. 报头。一般包括简报的名称、期数、编发单位和编发日期，若有保密等级，还需注明密级和编号。报头与正文之间用红线隔开。

（1）名称。在简报中间用大字、套红凸显简报名称，如"××简报""××简讯"等。如：青山职业学院简报。

（2）期数。在简报名称的正下方，居中写"第×期"，表示期数。如：第5期。

（3）编发单位。位于期号的左下方，应写全称。如：青山职业学院宣传处。

（4）编发日期。位于期号的右下方，以领导签发日期为准，使用阿拉伯数字。如：2017年7月25日。

（5）密级。秘密等级印在报头左上角顶格，包括"绝密""机密""秘密"等，也有的写"内部文件""内部传阅"或"内部资料，注意保存"等字样。如无密级可省略。

（6）编号。位于报头右上方。保密性简报才有编号，一般简报不用编号。

2. 报核。报核是简报的主体，即正文部分。一般一份简报只宜编发一份材料，有时也可编发几份相类、相关的材料。正文一般分为标题、导语、主体、结尾四个基本部分。正文的撰写方式较为灵活，主要交代清楚工作、任务、活动的基本信息、内容、过程和意义等。

（1）标题。简报的标题通常采用新闻式标题。标题要简单、贴切、醒目，要能准确概括活动内容并突出重点。可以采用单行标题，也可增加副标题。简报无论采用哪种标题形式，都应该尽可能地概括出正文的主旨，让人见题知意。

第一，概述式。如《学院隆重举行×届毕业生毕业典礼》。

第二，设问式。如《文学社团为何迅速崛起》。

第三，对仗式。如《教育挽救促使思想转化　安置就业减少犯罪因素》。

第四，双标题式。如《聚焦"练"和"战"推进实践教学改革——××学院召开实践教学改革研究专题汇报会》。

（2）导语。专题简报的导语需要点明工作、任务和活动的目的、背景及主题，举办完成的时间、地点，参加的人物等内容。用语须凝练，力求用简短的语言准确表达。

第一，概述式导语是以简明的语言，概括介绍任务、活动的主要内容。

第二，描述式导语是以生动的笔触，选取简报叙述的内容中最能吸引读者的一点进行描写，吸引读者。

第三，提问式导语，是围绕简报反映的内容，以提问或反问的形式入题，吸引读者注意。

（3）主体。主体是简报的中心部分。专题简报的主体部分要具体写出某项工作、任务、活动的流程、内容、特点及亮点等。结构可按照时间顺序安排写作材料，也可按照事件的内在逻辑关系安排材料。一般会配有图片资料辅助说明。

（4）结尾。根据某项工作、任务、活动实际情况选择结尾内容。一般结尾应点出目的、意义、效果及成绩等。

3. 报尾。报尾与正文之间用间隔线隔开。左侧写清报送、分送、抄送单位。报送对象为上级单位或领导，分送对象为平级或不相隶属单位，抄送对象为下级单位。右侧下行写清印发份数，且"印发份数"与"抄送"之间也需用间隔线隔开。

（二）写作要求

1. 简明扼要，突出活动主题。

2. 实事求是，掌握充足、准确的活动材料。

3. 编发要快，简报贵在"新"和"快"，特别是活动简报有强烈的时间要求，如果活动过去了很久，那就失去了编发简报的意义。

三、任务实施

请你根据"想一想"部分的情景内容试着写一写这则简报。

宣传处工作人员写出了一则关于合唱节的简报正文，请你看看是否符合要求，并谈谈如何修改。

学院成功举办第三届合唱节

合唱节是学院促进校园文化建设，增强学院凝聚力，提高师生审美艺术涵养的重要活动。参加合唱节的有教工队和学生队两大部分，分别演唱了《缆车》《喀秋莎》《时间去哪儿了》等热门歌曲。

2017 年 11 月 21 日，合唱节在学院警体馆隆重举行。

请评析下列简报及正文示例，谈谈你的观点和看法。

示例一：

内部传阅	
工作简报 （第 58 期）	
公安厅宣传处编	2018 年 10 月 08 日

××市破获一起特大网络私彩案

近日，××省××市公安局通报"4·13"非法经营私彩案情况，该案于去年 4 月立案，被公安部列为全国公安机关打击整治跨境网络赌博犯罪"断链行动"第二批督办案件。经过一年多侦查，目前 21 名主要犯罪嫌疑人已悉数落网。

续表

网上卖私彩，有人单注投注数十万元

2017 年初，××市公安局经侦支队在工作中发现，本市××县人钟××通过建立 QQ 群、微信群及口口相传等方式，组织多人上网登录名为"月亮岛"的网站或下载手机 APP 购买私彩，发展会员 300 余人，涉案金额 2000 余万元。

经初查，"月亮岛"网站主要经营"重庆时时彩""江西时时彩""福彩 3D"等非法彩票网上交易，并大量抽取返点、分红。这些非法彩票种类开奖时间极短，为了吸引参与者购买，设定了较高赔率，输赢数额极大，有的单注投注数十万元，很受参与者追捧。

横跨 20 省（市），构建"金字塔"形犯罪结构

随着案件的调查深入，"月亮岛"网站的幕后操控者逐渐浮出水面。该网站运营骨干成员主要有 4 人，客服 8 人（其中 4 名为越南籍），一、二、三级代理数十人，形成一个运营骨干＋境外客服＋各级代理为架构的沟通境内外、横跨 20 个省（市）的"金字塔"犯罪体系。其中李××系"月亮岛"网站主要老板、网站组织者。另外 3 名网站组织者罗××、邓××、张××，分别兼任网站开发者、技术维护和财务人员。李小×是李××的弟弟，任网站境外窝点客服负责人。贾××、任××、王××，均为中国籍在境外的网站客服人员，同时在境外又招聘了 4 名越南籍女子担任客服。代理人员中，一级代理 6 人、二级代理 15 人、三级代理 11 人。××市的钟××为二级代理，属于该网站最大的代理李×康的"下线"。

警方在侦查过程中发现，该犯罪团伙组织严密，分工明确，配备专业的技术研发、维护、营销、财务团队。定期购买他人注册的手机卡和银行卡，使用专用的通信网络、聊天工具，转移赃款均使用购买的银行卡，且经过地下钱庄几经倒手，很难查清去向。网站全部租用境外服务器，且层层加密；境内网站维护人员也都租用境外 VPN，且交易 IP 进行多重伪装跳转。

为了躲避打击，该犯罪团伙于 2016 年下半年将平台运营窝点迁至东南亚×国，大部分骨干成员也流窜至该国继续从事违法犯罪活动。该网站设有后台聊天平台，专门用于管理者交流运营以及网站技术服务等，即使在网站上聊天，也都是使用代号，从不提及姓名。

开户以来交易量达 100 余万笔，涉案金额达 30 多亿元

专案组民警先后赴广东、浙江、四川、山西、上海、北京、重庆以及江苏省南京等地，查询调取固定了十余家第三方支付平台及"月亮岛"网站资料，涉及银行账户、人员信息数据 50 万余条，并梳理获取 7000 余万条其他涉案数据。

通过分析和研判筛选，警方全面掌握了"月亮岛"网站平台的资金流入、流转和流向等方面的情况。该犯罪团伙为逃避打击，专门购买 150 余张银行卡及利用地下钱庄进行转款，在全国十余家第三方支付平台开设账号进行资金周转，开户以来交易量达 100 余万笔。

续表

2018 年 4 月 3 日，警方展开统一"收网行动"。国内四川成都、广东、山西及××市抓捕组共抓获 9 名嫌疑人。目前，该案主要嫌疑人全部到案。在抓捕的同时，警方的 5 个资金冻结组同步展开行动，冻结涉案第三方平台账户 15 个，涉案银行卡 709 张，涉及 27 个省市的 50 余家银行机构，共冻结资金 2600 余万元。   目前查明，自 2015 年开始，"月亮岛"网站以微信、QQ 等网络宣传以及口口相传等方式发展下线。全国有广东、广西、山东、北京等 27 个省市共 17000 余人参与该网站私彩投注，涉案金额已达 33.5 亿元，每日投注额达 400 余万元，多人因为购买私彩导致巨额亏损。
报送：××××   抄送：××××
印发 35 份

（"××市破获一起特大网络私彩案"，载《人民公安报》2018 年 10 月 8 日，第 2 版，载 http://epaper.cpd.com.cn/szb.html? t = szb&d = 20181012&p = t，最后访问时间：2018 年 10 月 12 日。）

示例二：

工作简报
（第 9 期）

××警官职业学院办公室编	2017 年 9 月 30 日

××警官职业学院隆重举行 2017 年校阅式暨开学典礼

    秋高气爽万里空，校场"点兵"生风雷。9 月 30 日上午 9 时 30 分，××警官职业学院 40 天的艰苦军训成果展暨开学典礼拉开了帷幕。学院党委副书记、院长××，学院领导班子、中层以上领导干部、全体师生和近千名家长与两所幼儿园的小朋友共同观看了校阅式。

铿锵步伐 坚定人生

    校阅分列式方队在庄严的国歌中迎着朝阳走了过来，同学们铿锵的步伐中既有学院党委的关心爱护、全体教官的辛苦训练、亲人们的热切期盼，更充满自己坚定人生的信念。在激昂的进行曲中他们步伐整齐、口号嘹亮、飒爽英姿。

异彩纷呈　青春飞扬

　　军训成果汇报以"一系一特色"的形式亮相于观众。女子方队的300名女生边演唱《军中姐妹》等歌曲边变换出船舵、五角星队形，展现了巾帼不让须眉的气概；散打队的倒功表演是校阅式的传统项目，也是中国人民解放军和中国人民武装警察部队必训科目之一；瑜伽队的姑娘们用灵活的体态、优雅的神态、自若的表情展现了别样柔美风情；交警队的表演体现了警察管理系150名学生的专业素质；武术队的舒展动作，是内在气质的外化，如虹气势，是尚武精神的体现；警乐队最后压轴出场，他们曾在全国全区多次获得大奖，今天他们在吹动乐器的同时变换队形，体现了良好的音乐素养。汇报表演展现了辛苦训练后的卓绝成果，代表了警院学子的坚韧不拔的毅力和披荆斩棘的勇气，也展现了作为警察后备力量的不凡实力。

社会关注　警院辉煌

2017年校阅式是参加人数多、表演样式新、整体水平高的优秀展演，既创历史新高，也展示了学院的办学水平和社会影响力，更坚定了警院人推动学院事业大发展，实现新跨越的信心和决心。院长××在开学典礼的致辞指出：知人者智，自知者明；胜人者有力，自胜者强。大学时光很短，转瞬即逝，可人生没有彩排，每天都是现场直播。真心希望同学们把握住学习的关键期、事业的准备期和竞争的试验期，做好自己的主人，把命运掌握在自己手中。要大力弘扬"忠诚、责任、奋斗"的学院精神，必须牢记并为之付出行动，使之成为我们共同的价值追求，用思想和行动去坚守、去发扬、去实践。以强烈的责任，执着的追求，不畏惧、不放弃、不动摇、不后退，坚持下去，我们一定能够把学院建设成为全国有影响、西北有地位的全国警察类示范院校。

续表

报送：区公安厅、区教育厅 抄送：各处室、各系部
印发 50 份

（"××警官职业学院隆重举行 2017 年校阅式暨开学典礼"，载××警官职业学院官方网站，http：//www. nsjy. com. cn/show. asp？id＝8906，最后访问时间：2018 年 6 月 26 日，略有删改。）

示例三：

××市中级人民法院开展"送法进社区　点亮微心愿"活动

为了推进党员进社区工作，巩固和拓展党的群众路线活动成果，努力践行"三严三实"，大力弘扬"奉献、有爱、互助、进步"的志愿者精神，9 月 11 日上午，××市中级人民法院党组书记、院长×××带领法院 20 多名党员，深入××市×××社区开展"送法进社区　点亮微心愿"的志愿服务活动，并走访慰问社区居民，捐赠微心愿物品。

××市中级人民法院高度重视党员进社区服务群众活动。为了确保活动有效开展，20 多个党员，充分发挥自身专业特长，深入×××社区帮扶困难居民、空巢老人、留守儿童、外来务工人员等社区居民，向居民发放法律宣传册、大米、花生油等微心愿物品，向社区办公室捐赠电脑，完成居民微心愿。同时以平安建设为契机，通过多种形式进行法制教育，开展《婚姻法》《劳动合同法》《未成年人保护法》等法律法规宣传咨询，提供法律援助和法律服务。

活动中，社区居民向法官咨询家庭纠纷、财产纠纷、劳务纠纷等问题，当得到专业的答复之后，十分感谢法院进社区开展这样的法律咨询活动，更感谢法官的无私奉献。

××市中级人民法院×××院长表示，下一阶段将紧紧围绕党的十九大和习近平新时代中国特色社会主义思想的具体要求，以党员为主体，以社区党组织为依托，不断加强与社区、群众的联系，充分发挥推动发展、服务群众，凝聚人心、促进和谐的积极作用，为社区居民多办好事、实事。

项目二　会议简报写作实训

新学期伊始，×××系于8月26日下午在学院广场召开了新学期新生学生大会。学院领导×××和×××系的主任、书记参加了大会，院领导发表了讲话，要求学生在新学期要加强自主学习，自我管理，自我照顾，规范自己的行为，早日成长为一名合格的大学生，新生要认真参加为期40天的军训，以军训教官为榜样。假如你是系部的宣传工作人员，将会如何起草这份会议简报呢？请你在下面表格中列出简报的必要内容。

简报的结构	简报的具体内容

一、文种模板

报头	××简报
	（第×期）
	编发部门　　　　　　　　　　　　　　　　　　　　　　　　编发日期
报核	标题
	导语：×××××（会议的目的、主题，举办的时间、地点、参加人员等） 主体：×××××（会议的过程、进展情况、主要发言以及会外花絮等） 结尾：×××××（会议的意义、传达的任务、发出的号召、重要领导的讲话精神等）
报尾	报送：××××（上级单位、领导） 分送：××××（平级、不相隶属单位） 抄送：××××（下级单位）
	印发××份

二、写作提示

会议简报是指在会议进行过程中或会后对会议情况所作的简要报道。一般随会议进程而编发，作为动态的追踪报道，有些小型的或短期的会议在结束后才编发简报。

（一）写作结构

会议简报由报头、报核、报尾三部分构成。

1. 报头。一般包括简报的名称、期数、编发单位和编发日期。与正文之间用实线隔开。

2. 报核。报核即正文部分，是简报的主体。一般由标题、导语、主体、结尾四个部分构成。

（1）标题。会议标题为新闻式，要突出会议主旨，强调会议主要内容，也可以加副标题点明召开的会议。

（2）导语。会议简报的导语需要点明会议召开的目的、主题，召开的时间、地点、参会人员等基本情况。

（3）主体。主体是简报正文的中心部分。会议简报的主体需要写清会议的重要内容、进展情况，反映与会人员的意见和建议，写清主要发言人的发言内容等。一般会配有图片资料辅助说明。

（4）结尾。会议简报的结尾一般会点出会议的召开效果、解决的问题，或者参会的重要领导的讲话精神等。

3. 报尾。报尾与正文之间用间隔线隔开。左侧写清报送、分送、抄送单位。报送对象为上级单位或领导，分送对象为平级或不相隶属单位，抄送对象为下级单位。右侧下行写清印发份数，且"印发份数"与"抄送"之间也需用间隔线隔开。

（二）写作要求

1. 真实准确。会议的主要情节及每一个细节都要准确无误。

2. 简明扼要。会议简报要抓住会议的要点，简明扼要地写出会议内容和主旨，切忌长篇大论。

3. 编发要快。快是简报的生命和质量，将会议内容及时传达也是简报的任务所在。

三、任务实施

请你根据"想一想"部分的情景内容试着写一写这则简报。

改一改

1. 系部宣传工作人员起草了一份学生大会简报，请你看看是否符合要求，并谈谈如何修改。

工作简报

××系   2017 年

新学期学生大会

　　××系召开了新学期学生大会，学院领导 A、×××系主任、书记出席了大会，全体师生及军训教官参加了大会。

　　此次大会的召开，鼓舞了学生的士气，营造了比学赶帮超的氛围，为××系工作再上一个新台阶开好头、布好局奠定了坚实的基础。

　　A 发表了热情洋溢的讲话，他代表院党委对假期工作进行了总结，对新生表示了欢迎，他希望老生能够继续加强学习，增强纪律作风，为新生做好榜样，希望新生通过四十天的军训能够明白如何进行自我管理，自我规范，自我照顾，早日成长为一名合格的大学生。

报送：××××
分送：××××
印发35 份

---

2. 请根据这篇会议记录，撰写一份会议简报。

1602 班级 2017 年第 5 次班会记录

　　会议时间：2017 年 3 月 5 日

　　会议地点：多媒体教室

　　会议主题：学习雷锋精神

　　参会对象：1602 班级全体同学及辅导员

　　会议内容：

　　一、宣读《学习雷锋精神倡议书》

　　二、学习雷锋生平事迹

　　三、学习雷锋语录

　　四、播放雷锋精神的视频

　　五、就"如何将雷锋精神与实际生活相联系"交流发言

　　六、辅导员讲话

请评析下列例文，谈谈你的观点和看法。

示例一：

××市公安局简报

（第 9 期）

××市公安局宣传科编　　　　　　　　　　　　　　　　2015 年 10 月 18 日

市公安局召开立功受奖表彰大会

　　10 月 16 日，市公安局在特警支队大礼堂召开立功受奖表彰大会，隆重表彰三年来全市公安系统英雄模范和立功集体。

　　他们的杰出代表有被公安部授予二级英模，获得"三秦楷模"、"时代楷模"等崇高荣誉的××；荣立个人一等功、"全国劳动模范"的×××；被授予"全国公安机关爱民模范集体"的××分局×××派出所……

　　新城分局×××派出所副所长××数十年如一日，在平凡的岗位上作出了不平凡的业绩，深得群众的爱戴；×××分局劳动南路派出所社区民警×××探索创建了"以公安为主导，以企业为支撑，以社区物业为基础"的"1 + 2"社区警务管理模式，连续三年实现了小区零发案；×××派出所三年来辖区矛盾纠纷调解成功率达到 93.6%，其中 79% 的纠纷在社区、村组得到及时化解……

　　还有一批在刑侦、禁毒、经侦战线，为城市安全打击违法犯罪做出杰出贡献的优秀集体和个人受到表彰和嘉奖。此次大会还专门表彰了默默坚守、辛勤付出的 50 名优秀警嫂代表。

　　市委常委、市公安局党委书记、局长×××出席会议并指出，全市公安机关和广大公安民警一定要认真学习先进楷模的时代精神，以英雄模范、立功集体为榜样，继承公安机关的优良传统，弘扬新时期人民警察精神，以更加饱满的热情、更加旺盛的斗志、更加有力的措施，进一步加强和改进公安工作和公安队伍建设，持续推进"平安建设"、不断深化公安改革、全面推进法治建设，全力维护社会稳定，努力促进社会和谐，切实把公安队伍打造成为"维护公平正义之师、守护人民安宁之剑"。

报送：××省公安厅
抄送：各分局、派出所

印发 30 份

（常征："市公安局召开立功受奖表彰大会"，载西安晚报门户网站，http：//epaper. xiancn. com/xawb/html/2015 - 10/17/content_391449. htm，最后访问时间：2018 年 7 月 20 日，有删改。）

示例二：

查找不足　研究对策　补齐短板
××两级法院发力提升审执质效

7月31日，××市中级人民法院召开全市法院上半年审判执行质效分析会。××中院要求两级法院深入学习贯彻党的十九大精神，以习近平新时代中国特色社会主义思想为指导，以落实司法责任制为动力，以提升司法公信力和人民群众获得感为目标，对照目标，查找不足，研究对策，补齐短板，确保圆满完成全年工作任务。

会议传达了中央全面深化司法体制改革推进会、全区法院院长座谈会和××市上半年经济形势分析会精神，通报总结全市法院上半年审判执行工作，分析研判当前审判执行运行态势，对下半年提升质效提出具体措施。

据××中院院长×××介绍，上半年，××两级法院共受理各类案件63 513件，同比上升23.46%，结案37 966件，结案率59.78%，同比提高1.83个百分点。其中，××中院受理各类案件8379件，同比上升45.9%，结案3905件，结案率46.6%。面对新收案件大幅上升、办案压力日益加大的情况，广大干警顽强拼搏、提振作风，充分发挥主观能动性，深入挖潜，以改革优化机制促质效，审判执行工作运行态势总体平稳，审判质效总体向好，全市长期未结案件清理进度较快，各项工作取得新进展新成效。

会议要求全体干警统一思想，振奋精神，以更大的勇气、更强的毅力、更实的举措，提升审判质效，不断开拓全市法院工作新局面。通过继续优化审判资源配置、进一步健全审判管理机制、进一步强化院庭长监管职责、不断提升法官司法能力、继续抓好审判纪律作风建设、持续强化决胜"基本解决执行难"工作力度、继续加强涉诉信访和矛盾化解工作等七项措施，全力提升案件审判和执行质效。

（张怀民："××两级法院发力提升审执质效"，载宁夏法治报门户网站，http://sz.nxnews.net/fzxb/html/2018 – 08/03/content_5648068.htm，最后访问时间：2018年7月20日，有删改。）

项目三　综合性简报写作实训

想一想

党的十九大以来，公安刑侦工作亮点纷呈，一是各类刑事案件犯罪率显著下降；二是严防严打新型犯罪；三是信息化建设提升打击犯罪效能；四是铸就忠诚担当的钢铁队伍。为了宣传交流所取得的成绩以及经验，现领导要求组织宣传处工作人员写一篇关于党的十八大以来公安刑侦工作的综合简报。请你以厅组宣处的工作人员的身份思考如何撰写这份简报，并将思考的内容写在下面的表格里。

简报的结构	简报的重点内容

一、文种模板

报头	××简报 （第×期） 编发部门　　　　　　　　　　　　　　　　　　　　　编发日期
报核	标题 　　导语：×××××（简明概括所报道的内容、意义等） 　　主体：×××××（需围绕中心，突出重点，可分条列项或分列小标题方式进行表述） 　　结尾：×××××（可作小结，或指明方向，或提出注意事项，或对正文内容补充等）
报尾	报送：××××（上级单位、领导） 分送：××××（平级、不相隶属单位） 抄送：××××（下级单位） 　　　　　　　　　　　　　　　　　　　　　　　　　　　　印发××份

二、写作提示

综合简报是推动日常工作而编写的简报。它包含的内容较广泛，工作情况、成绩问题、经验教训、执行政策情况等都可以报道、反映、交流。

（一）写作结构

综合简报的报核一般由标题、导语、主体、结尾四部分构成。

1. 标题。综合简报的标题也是新闻式标题，要求深刻、简明，突出简报的内涵。

2. 导语。要用简短的文字，准确概括报道的内容，通常声明意义或者成绩，表明态度，有的会对下级提出要求或提供办法。重要的简报常加上"编者按"，主要说明编发目的，提示稿件内容，表明编者态度等。

3. 主体。综合简报是反映工作的进展情况、经验和问题。其主体既要有表面上的情况概述，给人以总的印象；又要运用典型事例，给人以活生生的感性认识；或是反映具体情况，或是介绍取得的成绩、经验及具体做法，或是指出存在的问题，或者这几项兼而有之，视具体情况安排主体内容和结构，没有固定的要求。

4. 结尾。结尾因内容而定，可以不写结尾，主体部分说完就自然结束；有的可以对全文作一小结，也可指明发展趋势或发出号召。

（二）写作要求

1. 材料真实。综合简报通常是反映工作进展情况、经验和问题，向领导和有关部门传递信息、报告情况的，上级部门要据此作出决策。因此选取材料的真实可靠格外重要。

2. 内容要新。事件要有新闻性，要写新情况、新经验、新趋势、新问题。

3. 夹叙夹议，叙述为主，议论为辅。综合简报有观点、倾向，一般是通过事实的叙述显示出来的。因此，在表达方法上应以概述为主，为领导提供反映客观情况的真实材料，把事情的来龙去脉交待清楚，不过多议论。

三、任务实施

请你根据"想一想"部分的情景内容试着写一写这则简报。

改一改

组宣处的小张草拟了一份简报正文，请看这份简报是否有问题，并谈谈如何修改。

"平安"二字，力透纸背、价值千金，关系着千家万户的幸福安宁，关系着经济社会发展，是法治中国建设的晴雨表、是社会稳定的奠基石。全国公安刑侦部门和广大刑警忠诚履职、勇于担当，进一步加强和改进刑侦工作，维护国家安全、社会稳定，全国公安刑侦工作亮点纷呈。

一、"刑事犯罪少，百姓心里安。"一句话道出了百姓平安与刑侦工作的密切关系，更体现了群众对刑侦工作的热切关注。

近年来，严重威胁社会公共安全的放火、爆炸等犯罪案件大幅度下降；严重威胁人民群众生命安全的杀人、绑架等严重暴力犯罪案件逐年下降；抢劫、抢夺等采取暴力手段实施的侵财案件逐年下降；刑事案件致人伤亡数逐年下降。

二、新形势下，公安机关只有比犯罪分子想得多、想得前、学得深，才能克敌制胜，才能应民所呼。一场打击电信网络诈骗犯罪的战役在全国打响，捷报频传。

五年来，全国公安机关连续开展打击电信网络诈骗犯罪专项行动，坚持侦查打击、重点整治、防范治理三管齐下，共破获电信网络诈骗案件22万起，捣毁窝点1.1万个，抓获违法犯罪嫌疑人11万名，境外境内战场均获突破。

三、工欲善其事，必先利其器！为提升对新型犯罪和传统犯罪的打击效能，公安刑侦部门大力推进科技信息化建设和技术创新，不断加强平台建设以及创新实践，提升打击犯罪的科技含量，研发研制"神兵利器"。

随着公安机关反诈骗中心建设的强力推进和技术手段创新，以此为基础设立的诈骗电话通报阻断、被骗资金快速止付等机制也不断发挥作用，紧紧守住了群众的"钱袋子"，止付、冻结涉案银行账户60余万个，为群众挽回损失900余亿元。

四、老刑警常说："选择了刑警就是选择了危险。"他们心里明白，纵有刀山火海，纵是荆棘密布，唯有忠诚方能不负所托，唯有勇往直前方能不辱使命。任何时代，都离不开这样的英雄。再好的机制和平台，都离不开每一位刑警的无悔付出。

英勇斗士在缉捕凶犯时直面生死，刑侦专家在侦破疑难大案时攻坚克难，刑事技术大师在犯罪现场对蛛丝马迹执着探寻。他们以"钉子精神"扎根岗位，他们紧贴实战、心系群众，他们善于总结、勤于攻坚，他们直面生死、不惧挑战。

看一看

请评析下列例文，谈谈你的观点和看法。

工作简报
（第 9 期）

××市公安局消防支队编   2017 年 9 月 18 日

公交大队精心谋划 精准发力
2017 年上半年消防工作成效显著

上半年以来，公交大队在支队和分局党委的正确领导下，大队全体官兵的共同努力，各项工作成绩斐然，在全市消防部队 2017 年上半年业务工作考评中，政治工作、后勤工作取得两个单项第一，防火工作取得单项第四。

一是高度重视，延续基层党组织正规化建设总格局。大队党支部班子以巩固党组织正规化建设为发力点，发挥集体智慧，夯实党建工作基础，改革创新，延续了良好的工作局面。大队组织全体官兵开展"学雷锋，献爱心"活动，主动走进学校、走进社区、走进企业、走进群众累计 50 多次，用实际行动努力践行新时代雷锋精神；组织官兵参观××大队，感受雷锋精神，撰写心得体会 10 篇；组织召开"传承英烈精神"主题动员大会，继承和发扬老一辈革命烈士的优良传统和顽强作风；大队自主拍摄《人海中的那一抹绿》消防微电影，展现消防本色。

二是精心部署，全面开展"夏季消防"检查专项行动。"夏季消防"检查专项工作开展期间，大队高度重视、明确重点、迅速行动，第一时间动员部署、积极统筹协调、强化排查整治、延伸宣传触角，全面推进火灾防控工作，全力确保辖区火灾形势稳定。大队联合分局公安警力采取突击检查和暗访检查的方式，对全市公共交通企业、地铁各站点、公交车辆、停车场等重点场所进行排查整治。夏防期间，大队开展联合检查 5 次，联合检查发现各类消防隐患 50 多处，整改隐患 50 多处。为大力提高群众的消防安全意识，大队要求责任单位在公交客运、地铁站点、隧道广泛开展消防宣传。

三是上下齐心，日夜奋战迎"国考"，全力保安全。大队针对迎"国考"消防工作各项考核目标进行全面梳理，集中锁定考核目标、重寻工作轨迹，精心安排，逐点检查。同时，严格要求市交通运输部门全面落实监管责任，熟悉了解地铁消防安全等基本情况的要求；大队分三队赴一线，对地铁 1、2 号线各站点统一标准、逐个检查、逐个验收，手把手、蹲下身，帮助市轨道交通集团各主体部门切实落实消防安全管理，以过硬的软、硬件设施迎接国务院考核组的考核工作，强化人力、物力投入，齐心协力，共谋迎检。在备战时期内，大队累计整改各类消防设施隐患 62 处，安全主体责任制度改进 12 处，消防安全管理秩序改进 8 处。

续表

四是积极主动，大力推进××地铁站及"四站两中心"基础建设工作。大队先后多次组织召开地铁专用消防站建设协调会。×××地铁中心消防站于8月初开工建设，目前正在实施整体土方开挖。×××地铁消防站于6月完成立项，设计招标方案已通过轨道集团董事会，正送支队审核，审核完毕后挂网招标，装备建设待市发改委可研批复后启动。××地铁中心消防站已完成申报工作，具体选址与市规划局商定后再做完善调整。 　　成绩属于过去，奋斗赢得未来，上下齐心方能胜。公交大队全体官兵将进一步统一认识，坚定信心，振奋精神，敢于担当，在支队和分局党委的坚强领导下，以高度的使命感和责任感，以更加扎实的工作作风，共同推进大队消防工作再上新台阶。
报送：××市公安局 分送：各支队
印发30份

（"消防：公交大队精心谋划　精准发力　上半年工作成效显著"，载长沙市公安局门户网站，http：//csga. changsha. gov. cn/webjjcluster/artcledetail. jsp？ article_ sid＝8041&group_ sid＝4，最后访问时间：2018年7月20日，略有删改。）

项目四　知识链接

一、简报的涵义

　　简报是党政机关、人民团体、企事业单位编发的反映情况、沟通信息、交流经验、指导工作的一种简短、灵便的事务文书。

　　简报也称为"情况反映""情况交流""简讯""动态""内部参考"等。简报可以下情上达，汇报工作，反映情况，也可以上情下达，互通信息，交流经验。

二、简报的特点

（一）真实性

　　简报所反映的内容必须真实可靠，事件的背景、过程、结果、人物、时间、地点等，准确无误，不能失实。

（二）时效性

　　简报具有强烈的时效性，要"新"和"快"才能体现简报为单位领导提供决策建议的价值。

（三）简明性

简报的写作必须注意做到简短、明快，不仅是指文字少，篇幅短，更主要的是用文字概括事实的精髓和意义。

三、简报的用途

1. 指导工作。领导机关可以及时掌握情况，有利于制定政策。

2. 交流经验。平行机关可以互通信息，交流经验，加强协作。

3. 反映问题。下级机关可以向上级汇报工作，反映情况，并争取领导的支持与帮助，从而更好地开展工作。

4. 沟通信息。反映、汇集本机关单位出现的新动态、新问题、新情况，迅速及时地反映本单位新近发生的大事、要事、新事。

四、简报的种类

按内容可分为：专题简报、会议简报、综合简报。

1. 专题简报是为了配合某项重要工作或针对某项中心任务而专门编发的。它要求更及时、更敏锐地反映工作中的新情况、新经验、新问题，以充分发挥它对工作的指导作用。

2. 会议简报是会议期间为反映会议情况而编发的。主要是报道会议的筹备过程、进展情况、主要发言以及会外花絮等，借以沟通会议情况，并可供领导机关参考和与会者作为传达的文字根据。

3. 综合简报是为了推动日常工作而编写的。主要是反映工作的进展情况、经验和问题等。

按时间分，有定期的简报、不定期的简报。按载体分，有文件式简报、杂志式简报和报纸式简报。按发简报的目的来划分可把简报分为情况简报和经验简报两种。

五、写好简报的几点技巧

（一）明确编写宗旨

"小信息、大文章"，"小信息、大作用"。信息简报虽"小"，但却有着"窥一斑而知全豹""落一叶而知三秋"的功效。它主要是用以反映新情况、新动态，提出新问题、新做法，交流新经验、新成效等，为各级领导提供决策和推动工作服务的，在实际工作中往往起着辅助领导决策、协助领导管理、促进部门交流、指导基层实践、推动全局发展等方面的作用。因此其编写工作要紧紧围绕大（大事）、要（要事）、新（新情况、新问题、新做法、新成效）、急（突发性公共事件）、难（难事）、疑（苗头性、倾向性）、内（不宜公开报道，但需引起领导重视及关注的问题）等来进行，在思想内容上要保持前瞻性、预见性、典型性、代表性、针对性和指导性，在加工编写上要开门见山、直奔主题，"不穿鞋""不戴帽"；"一事一议"，直陈其事，不绕弯子、不兜圈子；语句凝炼，文从字顺，不疲软、不含糊。要做到"去同"（去除人云亦云部分）、存异（保留与众不同的内容，突出事实特色特点）、"不空洞"（不空发议论），坚持"五快"（快采、快编、快签、快印、快发）、"五不"（不迟报、不瞒报、不误报、不乱报、不漏报）制度。同时，还要遵循"去伪存真、去粗存精""多中选好、好中选优、优中选特、特中选精"等宗旨和原则。

（二）熟悉采编渠道

一般来讲，基层单位信息简报的收集采编工作有以下几种常用渠道或办法：一是定期收集。在本地、本行业和系统有关单位设立固定的信息网络（主要是建立相对固定的电脑传输网络和定向信息员信息报送制度及联席会议制度等，实行定期、定向、定性的互动交流）。二是预约采编。即围绕一个时期上级党委政府的决策重点及本地贯彻实施的意见，提前给基层信息员出题目、拟观点、定要求，让他们有的放矢地编写上报。三是热点跟踪。围绕一个时期、一个阶段改革、发展、稳定的工作重心以及重点、热点、焦点、难点问题，密切关注相关领域的新动态、新进展，及时予以捕捉、跟进、了解、采编。四是重点"求索"。对综合性强、工作性质比较重要、"敏感"的部门或单位，采取经常走访、联系和沟通、询问的办法，从中索取更多的信息点、信息源、信息"面"。五是观察捕捉。随时留心观察经济社会生活中的动态动向，悉心体会身边的社情民意，及时从中获取有利用价值的各类动态、动向性信息。六是综合处理。即通过对相关会议、文件材料、领导讲话等的分析、判断、提炼，从信息简报工作的角度予以加工整理，形成富有特色的信息。这也是最为常用的一种便捷方法。

但无论采取何种渠道和办法，采编简报最重要的是要有"三心"。一是要"有心"。就是要自觉培养和提高信息意识和工作理念，在日常工作中牢牢把握领导的信息需求，切实做到"五勤"（即眼勤、耳勤、脑勤、手勤、腿勤），练就一双善于发现、挖掘有价值信息的"火眼金睛"。二是要"用心"。"有心"是根本，"用心"是关键。"用心"就是不停留于被动、表面的信息收集与编发，而是要本着积极、主动的态度，养成及时、准确、持续、广泛收集和编写信息简报的工作习惯，提高深入挖掘、分析、甄别和系统运用信息简报素材的工作能力。"用心"离不开"细心"。"细心"贵在责任，贵在具体。只有养成"心细如发"、缜密思考、周全办事的良好习惯和作风，才能在编写工作中应付自如、应对得体，减少失误率，实现"无差错"。三是要"耐心"。对信息需求的判断、对信息价值的评估、对材料的取舍、对编写角度的选择等，都有赖于实践经验的积累，这种积累往往有个从"量变"到"质变"的过程，需要极大的耐心，因为有时候可能是"高投入、低产出"的。这就特别需要我们发挥办公室的"三平"（平凡之中的伟大追求、平静之中的满腔热血、平常之中的强烈责任感）精神，兢兢业业、扎扎实实做好本职工作。

（三）注重编写方法

注重编写方法主要包括：一是平中寻"亮"。就是对于语言平淡、层次不高但又有其可取可利用之处的"基层来稿"，要通过仔细阅读、分析和判断，找出其中的亮点，施以"去粗存精"式的内容调整、文字加工和润色，使其合乎规范，又具新意。二是浅者掘深。对内容浅显但尚具可用、可读性的"问题性"信息，可采取"热点跟踪、难点透视、实地调查"等方式予以进一步挖掘，增加分量，提高档次。三是狭者拓宽。对观点新颖、事例典型、但范围较狭窄的信息点，要站在全局的高度，通过分析、综合、提炼，从中找出带有规律性、普遍性和代表性的东西，以拓宽其内涵和外延。四是陈者换新。对于那些看似普通平凡但仍有借鉴意义的信息源，可采取另辟蹊径，如换位思考、逆向思维、"旧瓶装新酒"等办法，从全新的角度加工出富有新意的信息，则能收到"横看成岭侧成峰"之效。五是零者备储。对于一些内容单一、零碎、貌似残缺不全、暂时好像用不上的信息，要"多长个心眼"，及时予以"备储"，以便需要时"化零为整"。六是深度加工。对多视点、内容宽、含量重又具普遍性和指导意义的信息，还可通过"顺藤摸瓜""解剖麻雀"等进一步调查研究的办法，由表及里、由点及面地进行拓展、延伸，使其上升为有分量的材料，以指导和推动实际工作。

（四）注意编写事项

坚持"五原则"。一是真实性原则。真实准确是信息简报的生命，而失真、"存伪"则是其"大敌"、大忌。作为为提供领导决策依据的信息简报，编写工作一旦失去真实性，不仅信息本身会失去价值，而且会造成管理、决策上的失误，并产生不良甚至严重的后果。因此在加工编写工作中一定要把"去伪存真"、保持信息简报内容的真实性、准确性作为首要原则、铁的纪律。二是时效性原则。政务信息具有强烈的时间性要求。一条有价值的信息，如果不及时收集、整理、编发和传递，就会变成"明日黄花"、旧时"新闻"，失去其价值和意义。所以我们做信息简报的加工编写工作，一定要养成闻风而动、积极主动、快速果断、敏捷行事的习惯；否则，就无法把握稍纵即逝的"战机"，难以胜任本职岗位工作。三是层次性原则。信息虽然具有共享性，但编发传递却必须讲究层次性。实践工作中，因领导者职级层次的不同，对信息掌握的层次也不同。比如，对县级领导有用的信息，对市级领导可能就未必适用；在本地适用的信息，到异地就未必适用等。必须根据不同层次的领导（包括部门）来收集、编发和传递不同层次的信息，才能保持信息工作的实用有效性，使信息服务工作发挥最大的效益。四是适度性原则。信息的突出作用，在于帮助各级领导排除各种不确定性。因此，为领导收集、编写、发送信息，必须适度，做到"适销对路"。一要适量。也就是因时因地因事"制宜"，适度适量，除非特殊情况，在数量（期数）上不能过多过滥。二要适用。就是要有明确的目的性和针对性，合乎适宜，不盲目而为。三要适中。要分清轻、重、缓、急，在篇幅上要做到长短结合，宜详（长）则详（长），宜短则短，保持灵活、生动性；编发上，要做到快慢结合，该快的快，该慢的慢（一般都要快，也有个别特殊情况，需要慢），力求"恰到好处"。五是创新性原则。创新是信息简报编写工作的灵魂，也是做好办公室一切工作的动力。信息简报加工编写，实际上也是一种创新性实践活动。这就要求我们在解放思想、实事求是的前提下，积极更新观念，不断以新的思维方式，从新的角度研究和分析问题。要根据形势任务的要求，结合工作需要，捕捉难以听到、不易看到和意想不到的新情况、新苗头，找出解决问题的新视角、新思路、新方法，加工编写出有新意、有创意、有价值、有分量、有生命力的信息简报，才能更好地发挥参谋、助手、"喉舌"、"耳目"的作用。

项目五　实训练习

一、填空题

1. 简报具有_____、_____、_____等特点。
2. 从内容上划分，简报可分为____ ____、_____和_____三种类型。

3. 简报的样式可分为＿＿＿＿＿＿＿＿＿＿＿＿和＿＿＿＿＿＿＿三个部分。

4. 简报的导语通常有＿＿＿＿＿＿、＿＿＿＿＿＿和＿＿＿＿＿＿＿三种。

5. 简报的标题有＿＿＿＿＿＿、＿＿＿＿＿＿、＿＿＿＿＿＿、＿＿＿＿＿＿四种类型。

二、判断题（正确的打"√"，错误的打"×"）

1. 每一篇简报都要写到编者按。（　　　）

2. 简报的正文一般都是对导语的具体展开。（　　　）

3. 简报写作要具有敏锐洞察力，善于发现"热点""亮点"，及时报道。（　　　）

4. 每篇简报都必须在报头标注编号和密级。（　　　）

5. 简报写作要坚持专业化、精细化和全面行，必须面面俱到。（　　　）

三、写作能力提升题

1. 请根据下面的文字材料，拟写一个单标题。

年初根据省注协的布置，××市注册会计师协会对 48 家会计师事务所报送的 472 名注册会计师任职资格检查材料进行了初审。目前，根据省注协 5 月份公布的注册会计师任职资格检查名单显示，我市有 462 名注册会计师通过 2009 年度任职资格检查，有 10 名注册会计师暂缓通过任职资格检查。

2. 请根据下列信息，拟写一个双标题。

4 月 22 日是第 20 个世界读书日，当天下午 2 时整，××业务部主要领导和全体员工在公司会议室举行"创建学习型组织，争做知识型员工"读书活动启动仪式。

3. 请根据下面的文字材料，拟写一份活动简报。

7 月 24 日晚，××县"七五"普法专场文艺演出在龙泉苑广场上演。演出由××县委宣传部、县司法局、县文化旅游广电局主办，××县依法治县领导小组成员单位、县文化馆承办，全县各单位各部门参与此次活动。晚会的节目有情景剧《城市的马路》、舞蹈剧《使命》、快板《六盘山下交警赞歌》、小品《法外情》、歌伴舞《你胸前的奖章告诉你》等节目。

4. 请根据下面的文字材料，拟写一份会议简报。

会议名称：2017 年度西部计划志愿者工作培训会议

会议时间：2017 年 8 月 1 日

会议地点：××市

主办单位：××市团委

参会人员：团委书记××、团委副书记××、项目办工作人员、大学生西部计划志愿者 40 人

主持人：团委副书记××

会议内容：

一、宣讲党的十九大精神内容

二、传达学习《××市大学生志愿服务西部计划志愿者管理办法》

三、在岗志愿者及新招募志愿者代表发言

四、同新招募志愿者签订《服务协议》及相关承诺、责任书

五、团委书记××讲话

5. 请结合以下材料，拟写一份综合简报。

××市××戒毒所与×××社区沟通协调，搭建了共建共驻、区域化和谐发展的党建格局。主要有以下三个措施：一是撰写了《关于开展星级基层服务型党组织创建活动实施方案》的制度；二是社区工作人员、社区居民（主要是青少年）等一行 80 人到××戒毒所参观并接受警示教育；三是全所党员填写了《××区志愿者注册登记表》，依托社区共同开展帮困助学、募捐、便民服务活动。

6. 请就所在的学校、系部或学生社团目前正在进行的活动拟写一份简报。

发挥优势构建公安
特色扶贫新格局

专题简报写作
实训答案

会议简报写作
实训答案

综合性简报写作
实训答案

实训练习答案

模块四　演说类应用文写作实训

项目一　演讲稿写作实训

想一想

　　每年 4 月初，××自治区教育厅联合自治区财政厅、自治区人力资源和社会保障厅举办全区职业院校技能大赛。为此，新宇警官职业学院每年都会选拔优秀学生参加包括演讲项目在内的各项技能比赛。2015 年 4 月份的全区职业院校技能大赛演讲比赛的主题是"读书使人优美"。如果你被选拔参加此次比赛，面对这样的主题演讲，你将如何提笔写好这篇演讲稿？请你从演讲稿的写作角度出发，列出你认为重要的内容，写在下面的表格中。

写作格式方面	写作内容方面	写作语言方面

一、文种模板

标题	公文式标题/文章式标题		
称谓	×××：		
正文	开头：导入部分，引出演讲主题、主要内容、目的缘由等		
	主体：核心部分，叙事、说理、抒情，将主要观点、看法等有条理、有感情地表达出来		
	结尾：总结、升华、强调观点等		
结束语	一般表述为"谢谢大家"之类的话语		

二、写作提示

演讲稿是演讲者进行演讲的依据，体现着演讲的目的和手段，可以把演讲者的观点、主张与思想感情传达给听众以及读者，使他们信服并在思想感情上产生共鸣。

（一）写作结构

演讲稿的结构一般有标题、称谓、正文、结束语等几个部分。

1. 标题。一个好的演讲稿标题，必须要从演讲的内容与听众的兴趣两个方面下足功夫，一般有两种拟写方法：

（1）公文式标题。如闻一多的《最后一次演讲》、乔布斯的《在斯坦福大学的演讲》。此类标题往往不是由演讲者本人拟定的，大多数情况下是由他人后加的，常用于即兴演讲。

（2）文章式标题。有揭示主题的，如俞敏洪的《相信奋斗的力量》；有形象概括主旨的，如郭沫若的《科学的春天》；有提出问题引发思考的，如鲁迅的《娜拉走了以后》。

2. 称谓。根据演讲的对象不同、场合不同，称谓也不同。常见的有"各位领导""各位来宾""女士们、先生们""同志们""朋友们""老师们""同学们"等，通常在称谓前加上"尊敬的""敬爱的"等词，以示尊敬和友善。

3. 正文。一般包括开头、主体和结尾三部分。

开头：演讲稿的导入部分。可由演讲的题目讲起，也可从具体事例谈起，或者从引用名人警句开头，还可采用幽默话语开场，多方调动听众情绪，集中听众注意力，引发听众兴趣，拉近与听众的距离，为整个演讲的展开奠定基础。

主体：演讲稿的核心部分。选取的材料要紧扣主题，段落安排可采用并列式、递进式、类比式等手法，前后照应、连贯统一。

结尾：演讲稿的结束部分。应做到简洁明快、锦上添花。可采用总结式、号召式、升华式、点题式、重申式、抒情式等手法，给听众留下深刻印象。

4. 结束语。一般表述为"谢谢大家"之类的话语，与演讲稿的称呼部分相呼应，表达对听众的感谢与尊重之情。

（二）写作要求

1. 立意要新颖，把握时代精神。

2. 选材紧扣主题，控制篇幅长度。

3. 语言通俗易懂，生动形象口语化。

三、任务实施

请你根据写作模板及写作提示试着写一写这则演讲稿。

改一改

高职法律事务专业的一位同学根据 2015 年全区职业院校技能大赛演讲项目比赛的主题"读书使人优美"，结合自己的读书感悟，写了一篇题为《书香伴我成长》的演讲稿，请你根据演讲稿的写作结构与要求，帮她看看存在哪些问题，并提出修改意见。

书香伴我成长

同学们，大家还记得 2012 年，诺贝尔文学奖得主莫言先生站在全世界观众面前，发表他的获奖感言吗？他说："是阅读！是书籍改变了我！"也就是从那一刻起，我便更加坚定地爱上了阅读！书，成了我形影不离的好朋友。书，成了我每日必需的营养品！那缕缕书香伴我走过了一个又一个的春夏秋冬，伴着我走在人生成长的道路上。

鲁迅曾说过："读书，这个习以为常的平凡过程，实际上是人的心灵和上下古今一切民族伟大智慧的结合体。"现在我明白了！

春天正是读书天。我读贺知章的美句"不知细叶谁裁出，二月春风似剪刀"。我读杜甫的"黄四娘家花满蹊，千朵万朵压枝低。"心中充满了对春天的敬意与喜悦，我在书香的陪伴下度过了一个五彩缤纷的花季！

春去夏来，炎热的天气会使人感到烦躁。当我读到赵师秀的"黄梅时节家家雨，青草池塘处处蛙"时我感觉天气也好像凉快了许多。再读王安石的"晴日暖风生麦气，绿阴幽草盛花时"，感觉我的心情也跟着平静下来，不骄也不躁了！

秋天是收获的季节，田地里处处瓜果飘香。我读到了现代作家许地山的《落花生》，明白了要做有用的人，不要做只讲体面，而对别人没有好处的人。与其用珠宝装扮自己，还不如用知识武装自己！

寒冬里书香更加浓郁。刚刚下了一场雪，大家围坐在一起，取下一本诗集，慢慢读。读白居易的《问刘十九》，读叶芝的《当你老了》，色调明快，情感炽热，让你真挚的情谊得到净化与升华，感受到寒冬也能过得如春天般温暖。

春夏秋冬，读书让我身上充满了书香。与书为伴，让我的成长充满了无限的正能量！

我讲得不好，请大家批评指正。谢谢大家！

请评析下列例文，谈谈你的观点和看法。

示例一：

幸福的真谛

尊敬的各位领导、亲爱的各位战友们、同学们：

大家好！我叫侯金知，是银川市公安局金凤区公安分局上海西路派出所阅海万家的社区民警。受组织的委托，今天向各位领导汇报，向新入伍的战友和未来将成为我们警察队伍中的光荣一员的同学们分享我的工作，我感到非常荣幸！

此时此刻，我怀着感恩之情，怀着对每一位领导的关切之情，怀着对默默支持我的全体战友的帮助之情，我才荣幸的站在这里。正是有了各级领导的关怀，有了战友们的关心，有了社区群众的支持，才有今天我的各项荣誉。过去三年多来，作为一名普通的社区民警，很多次的能够站在各种领奖台上，接受领导的接见和鼓励，接受媒体的采访和祝福，我倍感光荣与自豪，希望今天我的发言，能够给在座的各位朋友和同学以启示，期望有那么一天，将在我们的队伍中涌现出比我更出色，更有担当精神的人民卫士。

我从警 15 年，当社区民警已经有 10 个年头了。我所在的社区面积 7 平方公里、5 个小区、158 栋楼、有 9193 户、32 129 人、223 户出租房屋、22 个内部单位、630 家商业网点、3 所中小学幼儿园、24 个重点人员等，说到社区民警，大家的脑海里可能立即会联想出身背背包，手拿登记本，走街串巷，东家进西家出，挨门逐户走访、调查、登记、疲惫不堪的警察形象。如今已是今非昔比，不可同日而语。如今的我一天二十四小时，无论在哪里都能开展社区工作；随时随地能联系到需要联系的人员；重大信息和及时消息，足不出户就能做到家喻户晓。现在的社区警务工作对我而言，真可谓如鱼得水，得心应手。这些便利，都得益于公安厅部署实施的 1＋X＋N 社区警务战略；得益于互联网＋在社区警务工作中的运用；得益于 BIM "建筑信息模型" 的创办。现在，我有 42 个群，人数达到 3 万。线上线下咨询回复，真正让信息多跑路、让群众少跑腿。

在我的社区有这么一个小故事，有一天 B 区 19 号楼黄阿姨发来微信求助。她的丈夫因常年瘫痪，生活不能自理，突发感冒，生命垂危，黄阿姨焦急万分。我到她家后，黄阿姨欣慰地说：小侯警官来了，我就放心了。当时我立即联系了自治区人民医院，及时送诊，病人脱离了生命危险。打这以后黄阿姨把我当成了她的女儿，经常说："只要金知在身边我心里就踏实"。我也把黄阿姨当成了亲人。这只是警务微信服务群众的一个缩影。

2017 年，我们建起了 17 个微网格，打破了时空限制，提高了办事效率，补充了警力不足的短板。社区的 5 支义务治安巡逻队，采取每周定时巡逻两次，平时不定期巡逻的方式。发现问题通过网上信息，采取相应措施。2015 年以来，辖区刑事、治安案件呈逐年下降趋势。今年一季度刑事入室盗窃零发案，治安案件 3 起。我们还开辟了同时支持 50 万人在线的公安 "荔枝" 微课堂，开设居民心理疏导日、法律咨询日、安全知识宣传等内容，取得了良好成效。

2017 年 2 月 24 日，E 区居民杨波发微信说，家里有枪支要交给我才放心。约好时间后，他如约上交了两只大型枪支。2017 年 8 月 15 日，A 区居民王红斌发来信息，称自己有 28 发猎枪子弹，第二天便如数上交。

今年初，社区的 "建筑信息模型" 系统正在完善中。将会对出租房屋、流动人口、重点人员、涉外人员、关注人员等信息的收集。由于 1＋X＋N、BIM 超3D 的 "互联网＋社区警务" 模拟加现实的大数据共享。如今的社区已经形成了一个虚拟与现实世界紧密结合的网络。实现了警务工作的便利高效。

回顾社区警务现代化建设和应用的历程，我深深体会到：社区警务必须以群众的需求为导向，才能产生不懈的动力。2009 年的一天，我偶然发现，一位社区居民加了我的 QQ 咨询公安业务。这启发我：通过 QQ 群了解警务工作是群众的现实需求也是提升警务效率的需要。于是我立即在社区建立起了第一个 QQ

群，把我熟悉的和有事找我的人加了进来。辖区居民周群力通过 QQ 说他和妻子下岗，家庭生活比较困难，希望能让我帮忙找个工作。我在辖区一家酒店给他联系了服务员的岗位，为他家解了燃眉之急。周群力因突发脑溢血，家庭困难雪上加霜。我就经常购买一些生活用品送到他家中。这事传开后，很多人都知道辖区里来了个"女片警"。要咨询或寻求帮助的居民纷纷加了我的 QQ。以往去派出所咨询的事，现在群里问清楚了再去办理，省得多跑趟。通过 QQ 群，在提高居民熟识率的同时，很多基础信息也源源不断的充实了我的业务库。这种双赢互惠犹如打开了一扇门，使社区工作豁然开朗。

随着时间推移，微信横空出世。2016 年 8 月，我尝试建立了首个微信群，网友响应热烈。一时间，消防、治安、防诈骗等各种咨询和建议纷涌而来，24 小时连续刷屏。我干脆顺势而为，相继建立起小区、学校、银行、出租屋、工地等 17 个治安微信平台，每天推送各类警务服务信息上百条。

2017 年，自治区公安厅部署 1 + X + N 社区警务战略正式启动。我紧紧抓住这个机会，在原有基础上一鼓作气创新"互联网 + 社区警务"工作法，分门别类组建起了 11 个 QQ 群、17 个治安微平台，实现了警务管理和服务辖区全覆盖。

得到社会认可，实现自身价值，获得最大幸福。这是每个人特别是年轻人都有的人生追求。伴随着从警经历的丰富，社区警务的提升，我对人生幸福真谛的感悟也在不断地升华。十五年前，走进公安队伍，我的理想就是要成为一名优秀的警察，十五年来，这个坚定的理想信念始终是激励我人生奋进的源动力。我不会忘记初心，会目标始终如一的奋进。为了自己心中的理想，从踏入公安队伍的那一天起，我就深知头顶警徽、身着警服者使命光荣，责任重大，不能随意而为。不管环境如何变化，工作岗位如何变动，我都做到痴心不改。从小事做起，从平凡的事情做起，从不言放弃。我的努力得到了丰厚的回报。

古人说："满招损，谦受益"。面对众多的荣誉，比起优秀的同行，我感到差距依然很大，必须倍加努力。我的感悟是：

只有高度的政治信念，才有努里工作的动力。我将牢记为民服务宗旨，做"四句话、十六字"总要求的执行者。认真学习习近平总书记在接见全国英雄模范集体代表时的重要讲话精神，深刻理解"对党忠诚、服务人民、执法公正、纪律严明"的精神内涵，永葆党员民警的政治本色。

作为社区民警，我对幸福有着自己独特的感受和理解。从警 15 年来，无论在何种岗位，对待群众，我始终以热情和笑脸相迎。无论退休职工、街边小贩、家属大妈、少年儿童，我都视为亲人，用真情为他们服务。当我每天满怀信心，面带微笑，面对来往的人群；接收到同事和辖区居民投来赞许的目光；看到求助者由失望变成希望的表情；在手机上发给求助者援助的信息，得到一句"谢谢"的回复……每当此时，我都能享受到春风吹拂般的温馨；体味到肩上卸下千斤重担般的轻松；感受到人生价值实现后的喜悦和充实。对我来说，这些感受的总和就是人生幸福的味道。

展望未来，我深知在当今科学技术一日千里，社会发展日新月异的大背景下，社区警务工作的提升永无止境。只有牢牢立足实际，放眼全国，与时俱进，不断提升警务水平，才能满足人民群众的新需求。三年来，我们辖区矛盾化解情况就是不能忽视的问题。2015 年辖区矛盾调解 51 起；2016 年起 92；2017 年 138 起，几乎呈逐年成倍上升的趋势。放眼全国，数字中国，智慧城市，智能社区等现代化大潮汹涌澎湃，如何与之接轨的问题严峻的摆在我们面前。时刻提醒着我们：社区警务现代化建设永远在路上。

战友们，同学们，宁夏公安是正气浩然、英雄辈出的队伍。我为自己是其中的一员而感到无比骄傲和自豪！我将牢记初心，不辱使命，继续砥砺前行，在平凡的岗位上谱写不平凡的青春乐章，在普通的工作中书写浓墨重彩的人生诗篇。

在此，我祝愿、希望、也相信在座的诸位战友、同学，一定会在未来的生活中走出不辜负时代的精彩人生。

谢谢大家！

（候金知，宁夏银川市公安局金凤区公安分局上海西路派出所阅海万家的社区民警。先后荣获公安部二级英雄模范、全区五一劳动模范、2017 年度中国正义人物等荣誉。本文是她参加 2018 年宁夏公安大讲堂活动时的公开演讲稿。）

示例二：

寒门贵子

各位评委、各位老师、同学们：

大家好！

在这段演讲开始之前，我先问大家一个问题：你们当中有谁觉得自己是家境普通，甚至出身贫寒，将来想要出人头地只能靠自己？（几乎全举手）你们当中又有谁觉得自己是有钱人家的小孩，起码奋斗的时候可以从父母那儿得到一点助力？（无人举手）

　　前些日子有一个在银行工作了十年的资深的 HR（人力资源管理师）他在网络上发了一篇帖子叫作《寒门再难出贵子》，意思是说在当下我们这个社会里面寒门的小孩他想要出人头地想要成功比我们父辈的那一代更难了。这个帖子引起了特别广泛的讨论，你们觉得这句话有道理吗？

　　先拿我自己说，我们家就是出身寒门的，我们家都不算寒门，我们家都没有门。现在想想，我都不知道我爸跟我妈那么普通的一对农村夫妇，他们是怎么把三个孩子我跟我两个哥哥从农村供出来上大学、上研究生。我一直都觉得自己特别幸运，我爸跟我妈都没怎么读过书，我妈连小学一年级都没上过，她居然觉得读书很重要，她吃再多的苦也要让我们三个孩子上大学。我一直也不会拿自己跟那些比如说家庭富裕的小孩做比较，说我们之间有什么不同，或者有什么不平等，但是我们必须要承认这个世界是有一些不平等的。他们有很多优越的条件我们都没有，他们有很多的捷径我们也没有，但是我们不能抱怨。

　　每一个人的人生都不尽相同的，有些人出生就含着金钥匙，有些人出生连爸妈都没有——人生跟人生是没有可比性的，我们的人生是怎么样完全决定于自己的感受。你一辈子都在感受抱怨，那你的一生就是抱怨的一生；你一辈子都在感受感动，那你的一生就是感动的一生；你一辈子都立志于改变这个社会，那你的一生就是斗士的一生。

　　英国有一部纪录片叫作《人生七年》，片中访问了十二个来自不同阶层的七岁的小孩，每七年再回去重新访问这些小孩，到了影片的最后就发现：富人的孩子还是富人，穷人的孩子还是穷人。

　　但是里面有一个叫尼克的贫穷的小孩，他到最后通过自己的奋斗变成了一名大学教授，可见命运的手掌里面是有漏网之鱼的。而且现实生活中寒门子弟逆袭的例子更是数不胜数。

　　所以当我们遭遇到失败的时候，我们不能把所有的原因都归结到出身上去，更不能去抱怨自己的父母为什么不如别人的父母。因为家境不好，它并没有斩断一个人他成功的所有的可能。当我在人生中遇到很大困难的时候，我就会在北京的大街上走一走看着人来人往，那时候我就想："刘媛媛，你在这个城市里面真的是依无所依，你有的只是你自己，你什么都没有，你现在能做的就是单枪匹马在这个社会上杀出一条路来。"

　　这段演讲到现在已经是最后一次了，其实我刚刚在问的时候就发现了：我们大部分人都不是出身豪门的，我们都要靠自己！所以你要相信：命运给你一个比别人低的起点是想告诉你，让你用你的一生去奋斗出一个绝地反击的故事。这个故事关于独立、关于梦想、关于勇气、关于坚忍，它不是一个水到渠成的童话，没有一点点人间疾苦，这个故事是有志者事竟成，破釜沉舟，百二秦关终属楚，这个故事是苦心人天不负，卧薪尝胆，三千越甲可吞吴！

谢谢大家！

（刘媛媛，北京大学法律系在读研究生。本文是她参加第二季《超级演说家》荣膺全国总冠军的演讲稿。刘媛媛："寒门贵子"，载百度百科，https://baike. baidu. com/item/刘媛媛/15084858？fr = aladdin，最后访问时间：2018 年 7 月 30 日。）

项目二　发言稿写作实训

每年 9 月初，新宇警官职业学院都要组织新生开展为期一个月的军训，9 月底举行盛大的校阅式，之后还将召开总结表彰大会。如果你被评为军训优秀学员，作为学员代表要在会上做交流发言，你将如何提笔，写好这篇发言稿？请你从发言稿的写作角度出发，列出你认为重要的内容，写在下面的表格中。

写作格式方面	写作内容方面	写作语言方面

一、写作提示

发言稿是指发言人在公众场合为了自己和部分群众发表看法、意见或汇报思想、工作情况而事先准备好的文稿。发言稿一般体现参与方平级或下级人员的意见，从自身的实际出发，畅所欲言，具有一定的务实性、灵活性，虽然写法与演讲稿类似，但不像演讲稿要求那么严格。

（一）写作结构

发言稿的结构一般可分为以下几个部分：

1. 标题。一般由会议名称和发言稿组成。如："在优秀学生干部表彰大会上的发言稿""在先进事迹交流会上的发言稿"。

2. 称谓。应根据会议对象，选择合适、恰当的称谓，如：尊敬的各位领导、同仁们、同事们、老师们、同学们等。

3. 正文。发言稿的核心部分。常见的形式有：

（1）开门见山地提出本人要谈的问题及对问题的看法，然后说明理由，最后照应开头对全文做简明的总结。

（2）直接写出要讲的问题、看法或意见，可用序号或小标题进行分条列项式表述，问题讲完，即告结束，不写开头和结尾。

（3）汇报经验、情况的发言，内容比较系统，它包括情况概叙、经验介绍、体会收获等，这几方面的内容要连贯地写出来，构成一篇比较完整的汇报式文章。

4. 结束语。一般表述为"谢谢大家"之类的话语，与发言稿的称呼部分相呼应，表达对听众的感谢与尊重之情。

（二）写作要求

1. 中心明确，观点鲜明。对问题持什么看法，要明确表态。对尚未认识清楚的问题，要实事求是地说明；如果是汇报性的发言，要中心明确，重点突出，不必面面俱到。

2. 条理清楚，重点突出。一篇发言稿要谈几方面的内容，每一方面的内容都要围绕会议、活动、工作等的主题，并且分条列项表述，安排得有条有理，让人听起来容易抓住重点，明白意思。

3. 语言简洁明快，通俗易懂。发言要直接面向听众，所以，发言的语言一定要简洁明快，通俗易懂，尽量不使用啰唆的句子，更不要使用一些生僻的词句，最好运用大众语言。

二、任务实施

请你根据写作提示试着写一写这篇发言稿。

改一改

高职治安管理专业的一位同学结合自己的军训感悟，写了一篇发言稿，请你根据发言稿的写作结构与要求，帮他看看存在哪些问题，并提出修改意见。

×级军训优秀学员代表发言稿

尊敬的各位领导、亲爱的老师、同学们：

大家上午好！

我是高职治安管理×区队的高××，能作为军训优秀学员代表发言，我感到无比的激动和自信！

回首紧张而艰苦的军训时光，我们一定会感慨万千！在这30天里，我们虽然吃了很多苦，但也收获了很多快乐。想想每天的军姿训练，我们都站到两腿发酸，却依然坚持笔直地站立！稍息、立正、蹲下、起立、齐步、正步、跑步，单调的动作，我们要反复练习直到符合标准。虽然我们变黑了，变瘦了，但是我们变强了、变壮了！一身迷彩军装，让我们多了一份英姿，宽阔的操场成了我们的军训场，我们成了一道靓丽的风景。困难时的互助让我们体会到了同学间的友谊，训练间隙里的游戏小插曲又让我们的紧张心情得以快乐释放，我们经受住了考验，明白了集体的荣誉才是最高的荣誉，军训让我们学会了坚强、友爱和团结，懂得了坚持、成功与荣誉。

同学们，我们的军训虽然已经结束了，但是它又开启了我们新的征程。我们即将投入到中职三年崭新的、充满挑战的学习生活中去。在今后的学习生涯中，当我们遇到困难、想要放弃时就一定要多想想军训时我们的坚持，想想军训中我们喊出的豪言壮语，昂起头，相信自己，勇敢面对一切困难与挫折，不回头，坚定地走下去，相信胜利与成功一定会属于我们！

最后，请允许我代表高职全体军训学员，向为我们提供这次宝贵军训机会、促进我们成长的各级领导，向与我们共度军训时光、为我们付出辛劳的各位教官、老师致以崇高的敬意和深深的感谢！

我的发言完毕，谢谢大家！

请评析下列例文，谈谈你的观点和看法。

示例一：

警衔晋升培训学员代表发言稿

尊敬的各位领导、各位同志：

大家好！

　　我是××监狱系统×年第一期警衔晋升培训班的学员李××，很荣幸能够作为学员代表上台发言，内心感到无比荣幸。在此，我代表全体培训学员对各位领导表示衷心的感谢，感谢为我们创造了这样一个良好的培训学习和提升自我的环境。

　　警衔晋升培训，是监狱人民警察大练兵的一种重要方法。我们生活在一个充满挑战的时代，许多新的事物等待我们去学习、去探索、去实践，许多新问题等待我们去研究、去回答、去解决。只有不断地学习和充实自己才能更好地为人民服务，更好地实现人生价值。我们有着不同的生活背景，有着不同的生活态度，但是我们有着共同的目标，那就是争取做一名优秀的监狱人民警察。为了完成这个目标，我们首要任务就是：要认真学习、提高素质、掌握技能，以优异的成绩完成这次培训。

　　新时期、新形势下，我们只有不断学习，锻炼内功、提升素质，以党的十八大和"两会"精神为指导，坚决贯彻落实××监狱工作方针，继续深化以"忠诚、为民、公正、廉洁"为基本内容的政法干警核心价值观教育实践活动以及其他各项教育实践活动，才能适应新形势的要求。

　　古人说的好："不经一番寒彻骨，哪得梅花扑鼻香。"在此，我代表这次参加警衔晋升的全体同志表个态：一是要狠下功夫，把理论基础打牢，完成学习任务；二是把理论学习同实际操作紧密结合起来，通过对法律法规、政策、理论的学习，从强化提高业务素质的角度参加这次培训，力争取得更大的成绩，顺利晋升。

　　最后我和全体培训人员坚信，在各级领导和老师的帮助下，我们一定会努力学习，进一步提高自身素质，做一名合格的监狱人民警察，在本职工作上做出优异的成绩。

　　谢谢大家！

　　（佚名："警衔晋升培训学员代表发言稿"，载百度文库，https：//wenku.baidu.com/view/a9ca1f15763231126edb1124.html，最后访问时间：2018年7月30日，适当删改。）

示例二：

新员工代表发言稿

尊敬的各位领导、亲爱的同事们：

　　大家好！我叫庞××，×年7月入职总公司，目前是在分公司质检部工作。

首先感谢各位领导和同事们对我的认可和信任，让我有机会代表新员工在会上做交流发言。时间过得真快，不知不觉来到公司已经5个多月了，对公司也有了比较深入的认识和了解。我们公司正处在事业发展的上升阶段，正值国家建筑业的腾飞和建筑多元化、跨地域大开发的重要时期，这样一个时期给我们打造了一个良好的锻炼平台，同时也给我们的工作能力提出了更大的挑战。

作为新加入集团公司的员工，我们深刻地认识到，我们有的只是雄心壮志，缺的却是经历与经验。但是集团领导对我们非常重视，对我们保持了足够的耐心和信心，让我们倍受感动。记得刚入公司时，是蒋经理给我们上了一节培训课，他激情澎湃地给我们讲述了我们集团公司由小到大，由弱到强的艰辛又辉煌的历程，让我们非常受震撼，深感创业的不易与不平凡。中秋佳节之际，公司还特地安排给我们每位新员工赠送了大盒的中秋月饼，让我们感到了家的温暖。

常言说得好，一分耕耘一分收获。经过三个月的培训，加上两个多月的上岗实践，我们的工作能力有了明显提高，自信心也跟着提升了许多。因此我对自己的工作展望是：在胜任质检部工作基础上，不断加强学习，不断总结经验，力争迈向新高度，取得新突破，为公司的发展做出自己应有的贡献。

最后，我想说，我非常愿意和大家一同扎根公司，为我们共同的家奉上自己全部的力量与热情，让我们大家共同携手为公司美好的明天奋斗吧！我相信，在公司领导的正确领导下，在我们全体员工的共同努力下，我们的公司会越来越红火，越来越强大！

谢谢大家！

（佚名："新员工代表发言稿"，载百度文库，https://wenku.baidu.com/view/ac769275a26925c52cc5bfd7.html，最后访问时间：2018年7月30日，适当删改。）

项目三　讲话稿写作实训

想一想

每年春季，新宇警官职业学院都要举办全院运动会，届时学院领导将会出席开幕式并发表重要讲话。请你从讲话稿的写作角度出发，将领导在运动会上讲话的主要内容，讲话稿的格式以及语言特点等，写在下面的表格中。

写作格式方面	写作内容方面	写作语言方面

一、写作提示

讲话稿是在较为隆重的仪式、会议上和某些重要的特定公众场所发表的讲话的文稿，因此在写讲话稿之前，要充分了解会议的主题、性质、议题，讲话的场合、背景，领导者的指示、要求，听众的身份、背景情况、心理需求和接受习惯等。在这讲话稿指一般所说的领导讲话稿。

（一）写作结构

讲话稿的结构一般有标题、称谓、正文等几个部分。

1. 标题。

（1）可以用单行标题直接揭示讲话内容或主旨，如毛泽东的《目前形势和我们的任务》。

（2）交代讲话场合的标题，如《习近平在纪念中国人民抗日战争暨世界反法西斯战争胜利70周年大会上的讲话》。

（3）可以用正副标题形式，用正标题概括讲话稿的中心思想，副标题对讲话场合、讲话内容做适当的补充说明，如：《青春　责任　奋斗——×××书记在×年新生开学典礼上的讲话》。

（4）形象化标题，一方面点明了讲话的中心内容，另一方面又彰显出友好与热忱。例如周恩来总理在为尼克松总统访华举行的欢迎宴会上发表的祝酒词——《中美友好往来的大门终于打开了》。

2. 称谓。称谓用语要根据不同会议进行选择。常见的有"各位领导""各位来宾""女士们、先生们""同志们""朋友们""老师们""同学们"等，在有外宾和社会名流出席的大会上，可称"尊敬的各位来宾，女士们、先生们、同志们、朋友们"，注意遵循国际惯例，应依据职位高低和女士优先的顺序排序。

3. 正文。讲话稿的核心部分。一般包括开头、主体和结尾。

（1）开头。这是讲话稿思路的起点。主要是要说明讲话或会议召开的背景、目的和中心内容。开头部分可以开门见山，直接揭示主题，引出内容；也可以交代背景，揭示讲话目的；还可以运用包含情感的话语，轻松入题；可以对某项工作进行简要回顾，引出话题；等等。

（2）主体。这是讲话稿的核心内容。在一些重要活动等场合上的讲话，一般是领导者代表组织或者领导者个人，上级领导机关的工作人员代表上级领导机关对下属、下属机关所做的讲话，主要是提出希望、要求、安排之类的意见。在一些工作会议上的领导讲话，一般包括以下几个层面：第一层是要对过去的情况给予概括总结，讲明主要成绩、主要经验与存在的问题；第二层面是要对目前的形势和现状进行精要说明，使听众了解工作进展，本单位全局状况；第三层面是要阐明今后的工作方针、主要任务，要完成的任务的措施、方法、要求与期望等。讲话稿的主体内容，需要根据会议或活动的主题、讲话的场合、听众的身份等来选择讲话内容和安排讲话稿的结构，需要灵活写作。

（3）结尾。这是讲话稿的结束部分。既要简洁明快、干脆利索，又要发出号召，引发思考、回味，得到启迪和鼓舞。

（二）写作要求

1. 领导高度，总揽全局。

2. 紧扣主题，写出新意。

3. 语言精炼简约，力求流畅、通俗易懂。

二、任务实施

请你根据写作提示试着写一写这篇讲话稿。

改一改

高职交通管理专业的一位同学撰写了一篇学院领导在运动会开幕式上的讲话稿，请你根据讲话稿的写作结构与要求，帮他看看存在哪些问题，并提出修改意见。

在学院 23 届运动会开幕式上的讲话

各位裁判员、老师们、同学们：

大家好！

今天，我们迎着春天煦暖的阳光，迎来了警院第 23 届春季运动会。首先，我谨代表学院党委及本届运动会组委会，向参加运动会的全体运动员、班主任、裁判员表示诚挚的慰问！向筹备这次盛会的全体工作人员表示衷心的感谢！

在过去的一年里，全体师生充分发扬忠诚、责任、奋斗的学院精神，在学院建设的各个方面取得了可喜的成绩。但是我们自我挑战、自我发展的步伐不能停止。我们不仅要在教育教学方面争先创优，更要在德智体美劳各个方面取得新的进步与突破，体育运动不但可以增强我们的体质，锻炼我们的意志，而且还可以培养我们强烈的爱国主义和集体主义精神，增强自信心和荣誉感。学院每年一度的运动盛会可以说正是力量的角逐，是智慧的较量，是美丽的展示，是激情的飞扬！

希望全体运动员牢固树立"友谊第一、比赛第二"的思想，充分发扬"更高、更强"的奥林匹克精神，敢于拼搏，赛出水平，赛出风格！希望裁判员、工作人员把忠诚献给学院，把爱心献给学生，把责任心献给大会！希望所有的警院人积极支持运动会、参与运动会，让运动会成为展示体育精神、推动学院进步、促进和谐发展的盛会。我相信，在全院师生的共同努力下，本届运动会一定能会办成一个"团结、奋进、文明、进取"的盛会！

最后，祝贺我院第23届运动会取得圆满成功！

请评析下列例文，谈谈你的观点和看法。

示例一：

在法院年终总结会上的讲话

×　×　×

同志们：

大家好！

今年以来，特别是法院新一届领导班子组建以来，市法院紧紧围绕全市经济发展大局，积极发挥审判职能，不断加强队伍建设，深入开展纪律作风整顿，大力改善基础设施，努力规范执法行为，法院的执法水平和办案质量得到了全面提高，法院的整体面貌和对外形象得到了明显改善，各项工作都迈上了一个新的台阶，有些工作还走在了全省的前列，为全市经济发展和社会和谐稳定创造了良好的法制环境和社会环境，受到了市委、市政府和上级部门的一致肯定，受到全市人民群众的普遍称赞和信赖。在此，我代表市委政法委，对法院全体职工干部一年来的辛勤工作表示衷心的感谢，对大家一年来所取得的成绩表示热烈的祝贺。

过去的一年，我们用辛勤的汗水和优异的成绩画上了一个圆满的句号，现在我们又迎来了崭新的一年。2015年是全面贯彻落实党的十八大精神的奋进之年，也是深耕之年，开拓之年，更是我市经济社会更好更快发展的关键之年。新的形势、新的任务给我们法院工作提出了新的挑战和更高的要求，如何发挥职能，顺应形势，更好地为全市经济社会发展提供高效、优质的服务，这就要求我们要站在更高起点、更高层次、更高水平思考和谋划2016年的工作。总的要求是：2016年法院在整体工作上要上档次，在局部工作上要争先进，在个别工作上要有创新，全市要争创一流，全省要挂号排名；要把2016年确定为"规范执法年"，以制度促规范，以规范促公正，以公正取信于民。具体要抓好四个方面的工作：

一、内强素质，全面增强队伍建设

我们要着眼于执法能力的提升，努力转变作风，坚持不懈地推进政法队伍建设。要树立"四种形象"。一要树立党的忠诚卫士形象。法院干警是维护国家安全和社会稳定的重要力量。必须把"政治建警"放在重要位置，引导和教育干警进一步增强政治意识，始终保持清醒的头脑，把握方向，坚定立场，严明纪律，永葆政治本色。二要树立执法为民的形象。要始终把谋求广大人民根本利益作为开展政法工作的出发点和落脚点，带着对人民群众的深厚感情执法，本着对群众利益高度负责的精神办案。要坚决纠正伤害群众感情、侵犯群众利益的现象，切实为人民掌好权、执好法、办好案。三要树立公平公正形象。要进一步增强法治意识，严格依法办事，依法办案，秉公执法，公正司法，在维护公平正义中充分发挥表率作用。要进一步提高执法水平，真正做到程序公正、实体公正、形象公正，确保执法办案质量，以实际行动维护公平与正义。四要树立廉洁执法形象。要始终做到自重、自省、自警、自励，在情与法、钱与法、权与法的较量中经受住考验，做到自觉遵守党纪国法，自觉遵守行业禁令和执法办案纪律，以廉洁自律、公正执法的良好形象赢得群众的认可和赞誉。

二、发挥职能，全力维护社会和谐稳定

2016年的工作，我们要继续坚持严打方针不动摇，坚决依法惩处各类违反犯罪，努力实现社会治安长治久安。要严把刑事案件审判和行政审判质量，严格执行罪刑法定与罪刑相适应原则。在民商事审判和行政审判中要坚持"能调则调，调判结合，案结事了"的原则，把着眼点放在"案结事了"上，积极化解社会矛盾，促进社会和谐。要立足审判，积极参加社会治安综合治理，严密防范和妥善处理群体性事件，提高预防处置突发事件的能力与水平，大力推进平安建设。

三、服务大局，为经济建设提供有力司法保障

2016 年是实现我市经济跨越式发展的关键之年，法院全体干警必须把思想和行动统一到县委政府的重大部署上来，认真做好相关审判工作，全市经济和社会发展提供更加有力的司法保障与服务。一是平等保护各类市场主体合法权益。二是依法规范市场经济秩序。三是切实做好涉及"三农"案件的审判工作，促进社会主义新农村建设。四是保障土地、矿产等自然资源合法开发利用。

四、司法为民，依法保障人民群众的合法权益

坚持"公正司法、一心为民"指导方针，要从积极创新司法为民举措入手，从认真解决人民群众反映强烈的突出问题做起。要切实解决人民群众在诉讼活动中遇到的各种难题，继续在立案、审判、执行等各个环节上创新完善便民、利民的措施，切实依法保障人民群众的合法权益。

同志们，新的一年即将开始，面对新的任务和新的挑战，我相信有县委、县政府的坚强领导，有法院新一届领导班子的团结一致，有法院全体干警的共同努力，在新的一年里我们的工作一定能够取得更加辉煌的成绩！

在 2016 年春节来临之际，我向长期以来给予我们政法工作大力支持和关心的所有亲人和朋友，表达节日的衷心问候，祝愿大家春节愉快，合家欢乐，万事如意，心想事成！

（佚名："在法院年终总结会上的讲话"，载道客巴巴网，http：//www.doc88.com/p－8126030506186.html，最后访问时间 2018 年 7 月 30 日。）

示例二：

在公司 2015 中秋晚会上的讲话

×××

各位员工：

大家好！

皓月当空，月华流淌，满地银霜。值此中秋、国庆双节到来之际，我谨代表公司，并以我个人的名义，向你们致以最美好的祝福和最真挚的问候。祝大家节日快乐！

我要诚挚的感谢你们！因为在公司发展中的所有荣耀里有你们真切的付出与诚挚的关注；在公司发展中遇到的所有挫折中有你们珍贵的信任与鼎立的支持。

"心同皓月同升起，血与沧波共漫流"，我们在一起艰难地创业，在一起经受磨练中成长；在一起经历竞争中成熟。公司感谢大家的奉献与忠诚！

我要诚挚的感谢你们！正因为有了你们的团结，你们的互助，你们的支持，公司才拥有了一支优秀的团队，来众志成城地支持共赢的发展环境，才有了迅速壮大与蓬勃发展的大好机遇。

我要诚挚的感谢你们！支持我们的供应商，正是有了你们的信任，你们的支持，公司才能发展地如此顺利、如此辉煌！我们将加倍珍惜这种信任，并将之转化成为成功的动力。在未来的日子里，希望各供应商能够继续配合分馆做好每一步工作，以保障×××馆出品的质量，让客户满意，吃得开心健康，是××馆每位员工的宗旨与使命。

"素月分辉，明河共影，表里俱澄澈"。我们有梦想，我们有追求。我们要创造，我们要成果。我们可以失败，但我们更追求成功！×××馆将在各位员工的大力支持与辛勤努力下，以坚定的信念，饱满的热情与孜孜不倦、永不停歇的精神，实现×××馆雄立世界、基业长青的伟大愿景，致力于为×××馆赢取成功与巨大的财富！

最后，请允许我再一次向大家致以最美好的祝愿，并通过你们，向你们家人致以亲切的问候，祝愿他们身体健康！节日快乐！

（佚名："在公司 2015 中秋晚会上的讲话"，载百度文库，https：//wenku.baidu.com/view/9b061cd0ccbff121dc368390.html，最后访问时间：2018 年 7 月 30 日，适当删改。）

项目四　知识链接

一、演讲稿

（一）什么叫演讲稿

演讲稿也可称为演讲词（辞），是指在较为隆重的仪式上和一些公众场所发表的口头演讲的文稿。它是人们在社会工作和生活中经常会使用的一类文种，是人们用来进行演讲的书面材料。一篇优秀的演讲稿可以通过演讲者的精彩演说，达到充分交流思想感情，表达主张见解，宣传教育、鼓舞人心的作用。

（二）演讲稿的特点

1. 针对性。演讲稿的针对性主要是指应根据不同场合，针对不同的听众，设计不同的演讲内容。称谓部分可视演讲者职别高低决定排列次序，如演讲者职别较听众高，则称谓部分可先从职别低者到职别高者排列；如演讲者职别较听众低，则称谓部分可先从职别高者到职别低者排列。

2. 可讲性。演讲的本质在于"讲"，而不在于"演"，因此演讲稿的撰写一定是讲起来文通字顺，文意畅达，清楚明白，酣畅淋漓。没有什么语言障碍，不会发生误解或曲解。

3. 鼓动性。好的演讲稿必须具有丰富的思想性和艺术性，具备强烈的鼓动性、感召力和说服力。如果演讲稿写得平淡无奇，毫无新意，即使现场"演"得再卖力，也与听众产生不了共鸣，吸引效果也不会好。

4. 口语性。口语性是演讲稿区别于其他书面表达文章和会议文书的重要方面。书面语比重过大，不利于与现场听众的互动交流，更达不到理想的演讲效果，所以演讲稿应通俗易懂，符合口语习惯，不能咬文嚼字。

（三）演讲稿的种类

1. 按照体裁分类。

（1）叙述式演讲稿。向听众陈述自己的思想、经历、事迹，转述自己看到、听到的他人的事迹或事件时使用的演讲稿。叙述当中夹用议论和抒情。

（2）议论式演讲稿。采取摆事实、讲道理的方式，既有事实材料，又有逻辑推断，立场坚定，旗帜鲜明的演讲稿。

（3）说明式演讲稿。对听众说明事理，通过解说某个道理或某一问题来达到树立观点的目的的演讲稿。

2. 按照内容分类。

（1）政治演讲稿。政治演讲稿是指政治家或代表某一权力机构的要员阐述政治主张和见解的演讲稿。各级领导的施政演说，新当选的领导人的就职演说，政治家的竞选演说等，都属于这一类型。著名的范例有《林肯在葛底斯堡的演讲》《丘吉尔在美国圣诞节的即兴演讲》以及马丁·路德·金的《我有一个梦想》等。

（2）学术演讲稿。学术演讲稿是指传播、交流科学知识、学术见解及研究成果的演讲文稿。如最高人民法院王振宇博士的《行政诉讼法的新精神》。

（3）思想教育类演讲稿。思想教育类演讲稿是指针对现实生活中人们的思想动态、思想倾向和思想问题，以真切的事实、有力的论证、充盈的感情来讴歌真善美、鞭挞假恶丑。引导听众树立正确的人生观、世界观，激励听众为崇高的理想、事业而奋斗。这类演讲稿适用于演讲比赛、主题演讲会、巡回报告等。

（4）经济性演讲稿。经济性演讲稿是指对经济生活中的一些问题、情况表明认识、见解与主张的演讲稿。如著名经济学家吴晓波在凯德·麓语 2015 全球发布盛典上的演讲稿《未来十年，中国经济发展的趋势》。

（5）军事类演讲稿。军事类演讲稿是指以军事为主题的演讲稿，如《以实际行动为实现强军梦作贡献》。

（6）外交性演讲稿。外交性演讲稿是指在外交场合发表重要言论的演讲稿，如《习近平总书记在美国华盛顿州西雅图市的演讲》

二、发言稿

（一）什么叫发言稿

发言稿是与会者为了在会议或重要活动上表达自己意见、看法或汇报思想工作情况而事先准备好的文稿。该文稿平行文、上行文的特征明显。

（二）发言稿的特点

1. 客观性。发言稿必须根据会议的不同主题与需求，选择合适的内容进行撰写。

2. 典型性。发言稿的内容必须要有代表性，典型反映某一领域的工作、思想状况，提出合理建议意见，引发参会者的兴趣和思考。

3. 灵活性。因发言者一般为参与方平级或下级机关或部门人员，可从自身的实际出发畅所欲言，故发言稿具有一定的务实性、灵活性，称谓部分则可按照职别高者依次到职别低者排列次序。

（三）发言稿的种类

1. 工作汇报型发言稿。这是指与会者在重要会议、典礼仪式上或有关公务活动场合，就工作进展情况所做的汇报发言。

2. 先进典型发言稿。这是指与会者在表彰大会上代表先进工作者所做的发言。

3. 经验交流型发言稿。这是指与会者向大会就有关工作所做的经验交流发言。

一、什么叫讲话稿

讲话稿有广义与狭义之分。广义的讲话稿是指人们在特定场合发表的讲话文稿；狭义的讲话稿则指一般所说的领导讲话稿，是各级各类领导在各种场合发表的带有宣传、指示、总结性质的讲话文稿。本教材讲话稿取狭义内涵。

二、讲话稿的特点

1. 内容的指示性。讲话稿的撰写要充分结合听众的实际情况，体现领导者正确的政治导向与高度的理论水平，内容具有指导实践工作指示的有效作用。

2. 篇幅的有限性。讲话是有时间限制的，因此对讲话稿篇幅要有特定要求，不能不顾具体情况长篇大论。一般来讲，表彰、通报、庆典等会议活动上的讲话稿篇幅不宜过长，以免喧宾夺主。

3. 语言的得体性。为了易于听众理解和接受，讲话稿的语言既要准确、简洁，又要通俗、生动、得体。另外，由于讲话具有现场性，因此撰写领导讲话稿时必须提前考虑和把握现场气氛和场合。称谓部分因讲话者职别较听众高，则称谓部分可先从职别低者到职别高者排列以示尊重。

三、讲话稿的种类

（一）按照会议性质分类

1. 工作会议讲话。如在总结和部署本单位、本系统工作的会议上，领导人发表的具有指导意义的讲话。

2. 专题会议讲话。如在研究、解决或处理某些专门问题的会议上，领导人发表的具有指示性或结论性意义的重要讲话。

3. 代表大会讲话。如在党政机关、人民团体、学术组织依照法定程序定期召开的代表大会上，领导人所作的主题报告及反映会议内容、进程的其他重要讲话。

4. 纪念会议讲话。如在纪念重要任务、事件、活动的会议上，领导人发表的具有反思、悼念、缅怀、鼓动意义的重要讲话。

5. 动员会议讲话。如在发动和号召人们参加某项健康有意义的活动的会议上，领导人发表的重要讲话。

6. 座谈研讨会讲话。如在座谈、研讨某些重大问题或工作事项的会议上，领导人发表的具有主题性、归纳性或指导性意义的重要讲话。

7. 经验交流会讲话。如为了总结、推广、交流某一地方、某一单位的全面工作或专题工作经验召开的会议上，领导人发表的具有表彰、决定、号召意义的重要讲话。

（二）按照讲话稿名称及其使用范围分类

讲话稿可以分为：会议讲话、慰问讲话、节日讲话、开幕词、闭幕词、欢迎词、欢送词、祝贺词等。

项目五　实训练习

一、填空题

1. 演讲稿也可称为_____，是指在较为隆重的仪式上和一些公众场所发表的讲话文稿。

2. 演讲稿的种类按内容分类，大致有_____、_____、_____、_____、_____、_____等6种。

3. 演讲稿的种类按体裁分类，大致有_____、_____、_____等3种。

4. 演讲稿的特点有_____、_____、_____、_____、_____。

5. 发言稿是与会者为了在会议或重要活动上表达自己意见、看法或汇报思想工作情况而事先准备好的文稿。平行文、_____的特征明显。

6. 发言稿的种类有_____、_____、_____。

7. 发言稿的特点有_____、_____、_____。

8. 狭义的讲话稿则指一般所说的_____讲话稿，是各级领导在各种会议上发表的带有_____、_____、_____性质讲话的文稿。

9. 讲话稿特点有_____、_____、_____。

10. 讲话稿按照其使用范围分种类有_____、_____、_____、_____、_____、_____、_____、_____。

二、单项选择题

1. 下列文稿不属于演讲稿的是（　　）。

A. 马丁·路德·金的《我有一个梦想》

B. 毛泽东《在延安文艺座谈会上的讲话》

C. 闻一多《最后一次演讲》

D. 郭沫若《科学的春天》

2. 演讲稿的结构一般由标题、＿＿＿＿＿＿＿、正文、结束语等几个部分构成。（　　）

A. 开头　　　　　　B. 主体　　　　　　C. 称谓　　　　　　D. 结尾

3. 下列文稿属于发言稿的是（　　）。

A. 俞敏洪《把每天平凡的日子堆砌成伟大的人生》

B. 习近平《在联合国维和峰会上的讲话》

C. 2015 级优秀教官代表周学博同学在军训总结大会上的发言

D. 周伯强检察长在 2014 年检察院工作会议上的讲话

4. 下列文稿不属于讲话稿的是（　　）。

A. 闭幕词　　　　　B. 欢迎词　　　　　C. 开幕词　　　　　D. 竞聘词

5. 下列文稿不适用于思想教育类演讲稿的是（　　）。

A. 演讲比赛　　　　B. 主题演讲会　　　C. 巡回报告　　　　D. 就职演说

6. 为了总结、推广、交流某一地方、某一单位的全面工作或专题工作经验召开的会议上，领导人发表的具有表彰、决定、号召意义的重要讲话属于（　　）。

A. 思想教育类演讲稿　　　　　　　　B. 经验交流型发言稿

C. 经验交流会讲话稿　　　　　　　　D. 经济类演讲稿

三、判断题（正确的打"√"，错误的打"×"）

1. 演讲稿的种类按体裁分类，大致有叙述式、议论式、说明式与抒情式等 4 种。（　　）

2. 发言稿平行文、下行文的特征明显。（　　）

3. 狭义的讲话稿是指人们在特定场合发表讲话的文稿。（　　）

4. 演讲是一门艺术，以讲为主，以演为辅。因此演讲稿的撰写也重在"讲"。（　　）

5. 口语性是讲话稿区别于其他书面表达文章和会议文书的重要方面。（　　）

6. 在有外宾和社会名流出席的大会上，可称"尊敬的各位来宾，女士们、先生们、同志们、朋友们"，注意应遵循国际惯例，要依据职位高低和女士优先的顺序排序。（　　）

四、简答题

1. 简述演讲稿的写作格式。

2. 简述发言稿正文部分的写作形式。

3. 简述讲话稿的标题的写作形式。

4. 举例说明演讲稿、发言稿与讲话稿的异同。

五、写作能力提升题

1. 试着写一篇学生会主席竞聘稿。

2. 试着写一篇领导干部就职演说稿。

3. 试着写一篇工作汇报发言稿。

4. 试着写一篇公安工作讲话稿。

坚守"兰大人"的品质

演讲稿写作实训答案

发言稿写作实训答案

讲话稿写作实训答案

实训练习答案

模块五　通知类应用文写作实训

任务要求：

　　1. 了解通知的适用范围、种类。

　　2. 掌握通知的结构和写作要求。

　　3. 学会简单的事务性通知和会议通知的写作。

项目一　事务性通知写作实训

想一想

　　××学院每年都要举办"经典诗文诵读活动"，目的是传承发扬优秀传统文化，不断提升广大师生的人文素养，深入推进校园文化建设。经过商议，院领导将今年的诵读会定于 6 月 10 日举办，让学院办公室拟发一则通知，要求各系部做好前期的各项准备工作，精心选取 1 个经典篇目进行编排练习，于 6 月 10 日下午 2：30 在学校礼堂准时参加诵读会，请问这份通知应该怎么写？

　　你认为这则通知中必须交待清楚的内容有哪些？请你在下面表格中列出所要通知的事项。

通知要素	通知内容
时间	
地点	
对象	

续表

通知要素	通知内容
缘由	
事项	
要求	

一、文种模板

标题	××××关于××××的通知
通知对象	××××：
正文	×××××××××××××××（通知缘由），××××××××××××××××××（通知事项），×××××××××××××××（要求怎样做）。
落款	×××（发文机关） ×年×月×日（发文日期）

二、写作提示

事务性通知用于处理日常工作中带有事务性的事项，多用于系统内或单位内布置工作、传达事情、召集会议等。事务性通知应用广泛，一般内容比较短小、简单。

（一）写作结构

事务性通知通常由标题、主送对象、正文、落款四部分构成。

1. 标题。有四种写法：

（1）发文单位＋事由＋文种。如《××公司关于"十一"国庆节放假的通知》。

（2）事由＋文种。如《关于举行春季运动会的通知》。

（3）发文单位＋文种。如《办公室通知》。

（4）文种。如《通知》。

2. 主送对象。主送对象也就是接收通知的单位、部门。

3. 正文。通知正文一般包括发文缘由、通知事项、事项要求三方面的基本信息。

发文缘由。要写清楚通知的依据、目的和意义，一般作为通知的开头。

通知事项。把需要周知的内容、布置的工作阐释清楚。复杂的事项可以分条逐项列出。

通知要求。需要周知的内容或布置的工作中具体的要求、强调的注意事项等。

4. 落款。写清发文单位，并注明发文日期。

（二）写作要求

1. 措辞得当，运用书面语。

2. 语言简明扼要，切忌重复拖沓。

3. 通知的主题、信息具体准确，无遗漏。

4. 通知及时，掌握恰当的时间。

5. 条理清晰，如果事项部分内容较多，则需要分条逐项列出，条文之间的逻辑关系，一定要做到有序排列。重要事项在前，轻重有序，一目了然。

三、任务实施

请你根据"想一想"中的内容试着写一写这份通知。

改一改

办公室的王磊根据学院诗文诵读活动的要求写了一份通知，请你帮他看看是否符合要求，并根据内容试着进行修改。

通　知

学院计划于6月10日举办"经典诗文诵读会"，希望各系部选取1个经典篇目认真组织好老师和学生排练，届时准时到场参加活动。

学院办公室

看一看

请评析下列例文，谈谈你的观点和看法。

示例一：口头通知

班长通知：今天下午5点之前，请需要申请减免学费的同学将申请书和相关证明资料交班主任处。

示例二：广播通知

今天下午2点半，在实训楼二楼报告厅，举办我院第五期警苑讲坛，邀请自治区党校××副教授作题为《中国周边环境与国家安全》的形势政策专题讲座。请全校师生届时准时参加。

示例三：海报栏通知

<h2 style="text-align:center">××小区停电通知</h2>

尊敬的各位业主（住户）：

接供电公司通知，因高压线路需要检修，定于2017年12月10日（星期四）早上6：00至晚上8：00整个小区停电。

请广大业主（住户）互相告知，并做好相应的停电准备。对您的生活造成不便之处，敬请见谅！

若有任何疑问或咨询，欢迎致电住户服务中心：×××××315

××市××物业管理有限公司
2017年12月9日

示例四：

<h2 style="text-align:center">××市地方税务局关于地址迁移的通知</h2>

各有关单位：

我局已迁至××市鼓楼西大街甲××号办公，2015年12月10日后，有相关事宜请到××市鼓楼西大街甲××号办公楼办理事务，原单位已停止办公。

特此通知

××市地方税务局
2015年12月9日

示例五：

<h2 style="text-align:center">关于举办××省公安系统理想信念教育培训班的通知</h2>

各单位、厅机关各处室（部）：

为进一步加强××省基层人民警察党性修养，强化理想信念，提升综合素质和业务能力，按照《×年××省公安系统人民警察教育培训工作计划》安排，经厅党委研究同意，决定举办××省公安系统人民警察理想信念教育培训班。现将相关事宜通知如下：

一、培训目的

进一步强化人民警察理论武装、锤炼党性修养、强化理想信念，增强"四个自信"，自觉为党分忧、为国尽责、为民奉献。教育引导人民警察牢固树立宗旨意识、认真贯彻"三严三实"、坚定信仰，模范践行社会主义核心价值观，不断提高工作积极性、主动性和创造性，为深化人民工作改革发展发挥更重要的作用。

二、培训时间地点

培训时间：×年7月5日（星期日）至7月9日（星期四），共5天。7月4日（星期六）下午报到。

培训地点：国家检察官学院井冈山分院（江西省井冈山市茨坪长坑10号）

三、培训对象及名额

本期培训班学员主要为各基层单位骨干党员警察（科级干部、机关党员警察均不能超过30%），共计60人。其中：××局16名，××局15名，××局10名，××局6名，厅机关6名。

四、培训形式

此次培训为集中脱产培训，采取课堂讲授、情景教学、讨论交流、实践教学等形式进行。

五、培训经费

学员培训费、伙食费、住宿费、往返交通费均由所在单位承担。

六、有关要求

1. 学习培训工作由厅政治部统一组织，各单位指定1名领导带队，配合管理。参加培训学员由厅政治部统一组织，按规定时间报到和返回。

2. 各单位要按照要求选派学员，确保培训效果和质量。

3. 参训学员要严格遵守培训班纪律和各项规定，学习培训期间不得请假、缺课、不得带家属。

4. 请各单位于6月8日前将培训班人员报名表（附件）报厅政治部。

联系人：××　　电话：×××××××××

附件：培训班学员报名表

××省公安厅

×年6月1日

项目二　会议通知写作实训

想一想

马上就到元旦了，为活跃公司文化生活，××集团公司决定举办元旦迎新晚会。为成功举办这次迎新晚会，决定召集各部门负责人召开元旦迎新晚会筹备会议，讨论晚会相关事宜。会议定于 11 月 15 日下午 3 点（星期四）在公司行政楼二楼会议室召开。会议议题：一是讨论晚会节目形式；二是确定晚会筹备组各组负责人及工作人员；三是明确各组工作任务、职责分工和要求。要求参会人员不得无故缺席。

假如你是公司办公室的一名工作人员，领导要你来起草这份通知，你认为这份会议通知里需要写清楚的事项有哪些？

通知事项	通知内容
会议时间	
会议地点	
参会人员	
会议议题	
会议内容	
会议要求	

练一练

一、文种模板

标题	××（单位名称）关于召开××××（会议名称或主题）会议的通知
主送机关	××××：
正文	为了×××，定于×月×日召开××会议。现将有关事宜通知如下： 一、会议内容（或会议议题） ××××××××××××××。 二、会议时间 ×月×日－×日（会期×××，××××报到。）

正文	三、会议地点 ×××××××××××。 四、参加人员 ××××××××××××××。 五、有关要求 （一）×××××××××××。 （二）××××××××××××××××××。
落款	××××（发文机关）
	×年×月×日（发文日期）

二、写作提示

会议通知的内容一般应写明召开会议的原因、目的、名称、通知对象、时间、地点、需准备的材料等。

（一）写作结构

1. 标题。有四种写法：

（1）发文单位＋会议内容＋文种。如《××局关于召开年终总结表彰大会的通知》。

（2）事由＋文种。如《关于召开新员工座谈会的通知》。

（3）发文单位＋文种。如《办公室通知》。

（4）文种。如《通知》。

2. 主送机关或对象。也就是接收通知的单位、部门。

3. 正文。会议通知正文一般包括发文缘由、通知事项、事项要求三方面的基本信息。

发文缘由。要写清楚通知开会的依据、目的和意义，一般作为通知的开头。

通知事项。把会议主题或议题、时间、地点、参加人员、会议要求等分条逐项列出。

4. 落款。写清发文单位，并注明发文日期。

（二）写作要求

1. 供机关、单位内部张贴或广播的会议通知，可不写受文对象，只需简明扼要地在正文中说明会议时间、地点、内容及出席人员等。

2. 由正式党政机关公文形式发出的会议通知，正文一般包括会议名称、决定召开会议的机关、召开会议的原因与目的、会议议题、会议时间与地点、报到时间与地点、与会人员、与会者需准备的材料、差旅费报销办法、联系单位、联系人与联系方式等，有的通知还需附上会议的日程安排表、报名表、会议回执等，这些作为附件附在通知后面。如果这些事项交待不清，丢三落四，就可能影响会议的按时召开和正常进行。

3. 为了使通知事项清晰明了，尽量采用条文式结构。用党政机关公文发布的通知，格式要求必须完整、规范。

三、任务实施

请你根据"想一想"中的内容试着写一写这份通知。

办公室小张根据公司元旦迎新晚会筹备会议的内容起草了一份通知准备拿去请主任审核。请你帮他看看是否符合要求，并根据内容试着进行修改。拟文如下：

关于召开元旦迎新晚会的通知

为成功举办 2018 年度元旦迎新晚会，公司决定召开元旦迎新晚会筹备会议，讨论晚会相关事宜。会议时间定于 2018 年 11 月 15 日下午 3 点召开，请各部门届时派人准时参加。

办公室

2018 年 11 月 2 日

请评析下列例文，谈谈你的观点和看法。

示例一：

关于召开××省宣传部长会议的通知

各市委宣传部：

经研究，定于 9 月 9 日－10 日召开××省宣传部长座谈会，现将有关事项通知如下：

一、会议议题

传达学习中宣部召开的部分省区市宣传部长座谈会精神；总结交流前八个月

宣传思想工作；研究部署下一步工作。

二、参加人员

各市委宣传部长。

三、会议时间

9月9日－10日（会期一天半，9月8日下午报到）。

四、会议报到地点及住宿地点

××市七星路宣传干部培训中心。会场：三楼会议室。

五、有关事项

（一）请参加会议人员准备约15分钟的发言。请将发言材料在报到时交会务组。

（二）请各市委宣传部长安排好会议期间的各项工作，准时出席会议。

（三）请各市委宣传部于9月5日下午将参加会议人员名单报到××省党委宣传部办公室。

（联系人：××，电话：××，传真：××）

中共××省委员会宣传部

×年×月×日

（摘自 http://www.yjbys.com/bbs/931006.html，最后访问时间：2018年7月20日，有删改。）

示例二：

××市公安局关于参加全省推进
电子普通护照签发启用工作电视电话会议的通知

各分局，市局情报信息中心、公共关系中心，出入境、网警支队：

省厅决定召开全省推进电子普通护照签发启用工作电视电话会议。现将有关事项通知如下：

一、会议时间

8月8日（星期二）16：00。

二、会议地点

1. 市局在北附楼4楼2号会议室设主会场；

2. 各分局设分会场。

三、参会人员

1. 局领导：××

2. 市局情报信息中心、公共关系中心、网警支队各 1 名领导；

3. 市局出入境支队全体民警（办证大厅在岗人员和值班同志除外）；

（以上人员在市局主会场参会）

4. 各分局分管出入境管理工作的局领导及负责出入境管理工作的全体民警（前台值班人员除外）。

（以上人员在各分会场参会）

四、会议议程

1. 省厅出入境管理局××局长通报当前全省电子普通护照签发启用准备工作情况；

2. ×××副厅长讲话。

五、有关要求

1. 参会人员统一着短袖夏执勤服，不戴帽，提前 10 分钟入场完毕。

2. 请市局出入境支队派员协助做好会场签到工作，情报信息中心做好通信保障工作，机关事务中心做好后勤保障工作。

××市公安局

×年 8 月 2 日

（摘自 http://www.gdzs110.gov.cn，最后访问时间：2018 年 7 月 30 日，有删改。）

项目三　指示性通知写作实训

想一想

学院办公室接到了教育厅办公室的通知，要求征集学习习近平总书记系列重要讲话的论文。为了落实教育厅的通知精神，经研究决定，在全院范围内征集优秀论文，组织专家进行评审后，择优推荐上报参加教育厅组织的专题研讨会。领导让办公室的王力来负责落实这项工作，他应该如何做呢？

王力想了想，认为应该发布公文，用指示性通知对这项工作进行部署。按照教育厅文件的要求，这次征集的论文一是要突出主题，坚持中国特色社会主义基本理论、基本路线、基本纲领、基本经验、基本要求，在学习理解习近平总书记重要讲话精神方面有新的认识和新的观点，有较高的理论价值和实践意义，立场鲜明、观点正确。二是要弘扬理论联系实际的学风，紧密结合当前国际国内形势和全面深化改革的实际，立足于党的建设实践进行深入的理性思考，有较强的思想性、针对性和时代性。三是要文风朴实，语言流畅，逻辑严谨，可读性强。篇幅 5000 字左右。

学院要求每个系部都要认真组织，严格把关，至少报送 1 篇质量较高的论文。

王力看了看教育厅的要求，是 7 月 1 日前上报，那学院的论文提交截止时间就定在 6 月 24 日前比较合适，撰写的论文一式两份报送到学院办公室。

具体这份通知应该怎么写？

通知要素	通知内容
通知缘由	
通知目的	
工作措施	
相关要求	
通知对象	
发文单位	

练一练

一、文种模板

标题	×××××关于×××××××××××××的通知
主送机关	××××：
正文	开头：×××××××××××××××××（开展工作或者某项活动的背景、依据、目的、缘由）然后以"特通知如下"或"特作如下通知"转入通知的事项。 主体：××××××××××××××××××××〔工作内容，或写发布行政法规、规章制度、办法、措施等，或写带有强制性、指挥性、决策性的原则（或指示性意见）、具体工作要求等，逐项分条列出〕。 结尾：×××××××××××××（具体要求怎样做）。
落款	××××（发文机关） ×年×月×日（日期）

二、写作提示

指示性通知是上级机关对下级机关的工作进行部署、指示与指导的一种公文。内容较为重要、丰富，一般要求说明工作背景、工作目的或目标、工作内容与工作要求，重在宏观指导。这种通知带有政策性、指导性，主要用于对重要工作、重大问题阐明方针政策，提出工作原则，明确工作内容和方法。它对现实工作针对性强，指导性强。

（一）写作结构

1. 标题。有两种写法：

（1）发文单位＋事由＋文种。如《国务院关于做好当前经济形势下就业工作的通知》。

（2）事由＋文种。如《关于做好期末考试工作的通知》。

2. 主送机关或对象。也就是接收通知的单位、部门。

3. 正文。正文通常包括三部分：

（1）第一部分为引言，说明安排部署此项工作的缘由、背景、依据、目的等。

（2）第二部分为主体，即通知的具体内容，指示性通知的主体部分多为叙述工作的指导思想、原则、目标、具体措施、要求等。如果内容比较复杂，则要分条列项陈述。重要的内容详细写，放在前面；次要的内容，应尽量简化，放在后面。

（3）第三部分为结尾，结尾多提出贯彻执行的要求，如"请遵照执行""请认真贯彻执行"等。

4. 落款。写清发文单位，并注明发文日期。

（二）写作要求

1. 指示性通知的写作，一定要开门见山，直接叙述，切忌转弯抹角。为使下级机关明白上级机关意图，有时也可以作一些简要的分析、说理。

2. 指示性通知的目的在于布置工作任务，要求下级遵照执行，因此，在撰写时，既要说明"办什么事""为什么办这些事"，又要说明"怎样办这些事"，以便受文单位更易理解、更方便执行。措施要具体、可行，指向性明确。

3. 要写得具体，符合实际，切实可行。文字要通畅、简练，语言要平实、明快，准确地表达发文机关的意图，使人们一看就懂，易于贯彻执行。

4. 指示性通知内容带有指令性和规定性，言词要注意严肃庄重、语气坚定，不容置疑。

三、任务实施

请你根据"想一想"中的内容试着写一写这则通知。

王力根据上面所给的内容，草拟了一份通知，你看看写得对不对？

关于征集"学习习近平总书记
系列重要讲话专题研讨会"论文的通知

经研究，决定在全院范围内征集"学习习近平总书记系列重要讲话专题研讨会"论文，现就有关事项通知如下：

一、论文要求

1. 突出主题，坚持中国特色社会主义基本理论、基本路线、基本纲领、基本经验、基本要求，在学习理解习近平总书记重要讲话精神方面有新的认识和新的观点，有较高的理论价值和实践意义，立场鲜明、观点正确。

2. 弘扬理论联系实际的学风，紧密结合当前国际国内形势和全面深化改革的实际，立足于党的建设实践进行深入的理性思考，有较强的思想性、针对性和时代性。

3. 文风朴实，语言流畅，逻辑严谨，可读性强。篇幅 5000 字左右。

学院办公室

2017 年 6 月 20 日

请评析下列例文，谈谈你的观点和看法。

示例一：

关于开展"支部主题党日"活动的通知

各党总支、党支部：

　　为贯彻落实上级党委《关于进一步加强和改进机关党的建设的意见》的通知精神，持续推进"两学一做"学习教育，学院党委决定以支部为单位在全院广大党员干部中深入开展"支部主题党日"活动，现就有关事宜通知如下：

一、指导思想

以习近平新时代中国特色社会主义思想为指导，以全面贯彻落实党的十九大精神和自治区第十二次党代会精神为主线，充分发挥好党支部在从严教育管理党员中的应有作用，从严肃组织生活、严格党员管理、促进作用发挥入手，进一步增强"三会一课"制度的执行力，突出政治性、严肃性、规范性，坚持组织全覆盖、党员全员参与，使"支部主题党日"活动成为增强基层党组织创造力、凝聚力和战斗力的具体抓手，成为加强党员教育、管理和服务的有效载体，促进党内生活常态化、制度化、规范化。

二、活动方式

以党支部为基本单位，以组织生活为基础，以加强党员日常管理为依托，每月组织一次，采取座谈讨论、主题论坛、走访调研、现场实践、演讲比赛、知识竞答等多种形式进行，做到一月一主题、月月有活动，确保全面从严治党要求落实到每名党员。

三、活动时间

原则上每月固定一天为"支部主题党日"，全院"支部主题党日"与每月的政治理论学习有机结合，确定每月最后一个星期五下午为固定活动日。当天如遇法定节假日或重大活动等特殊情况，时间顺延一周。外出流动党员和实习的学生党员，要充分利用 QQ 群、微信群、短信等平台发送学习通知、告知学习内容、邮寄学习资料等方式，灵活有效地开展活动。

四、活动内容

（一）2018 年 3 月开展"传承雷锋精神，扶贫帮困献爱心"主题教育活动。引导广大党员积极捐款捐物，走访慰问困难职工和群众，扶贫帮困奉献爱心。

（二）2018 年 4 月开展"铭记历史 缅怀先烈"活动。组织全院党员和教职工于清明节前夕前往烈士陵园开展扫墓纪念活动，鼓舞党员和教职工铭记历史、崇尚英雄、珍爱和平、开创未来。

（三）2018 年 5 月开展"廉政教育"活动。组织党员观看警示教育片、参观廉政教育基地，不断增强党员干部的廉洁自律意识。

（四）2018 年 6 月开展"不忘初心、牢记使命"活动。七一前夕，全体党员重温入党誓词，回顾入党宣誓时的庄严承诺和坚定决心，提醒自己时刻牢记初衷，不断增强历史使命感和社会责任感。

（五）2018 年 7 - 8 月开展"发扬红船精神 传承红色基因"活动。组织党员到红色教育基地参观实践，走访慰问老党员、老干部，慰问扶贫点困难群众，坚定理想信念，增强党性意识。

（六）2018年9月开展"争做四有好教师"主题教育活动，向全体教师党员倡议，争做"有理想信念、有道德情操、有扎实知识、有仁爱之心"的好老师，为学院发展贡献自己的力量。

（七）2018年10月开展党建知识竞答活动。结合党员应知应会的基本知识，在师生党员中开展知识竞答活动，进一步促进党员深入学习党的基本理论、基本路线、基本方针，深化学习效果。

（八）2018年11月开展"走进新时代，唱响新未来"合唱节活动，用歌声颂扬新时代，坚定理想信念，激发实干兴校的创业激情。

（九）2018年12月开展"尊崇宪法 宣传宪法"活动，围绕国家宪法日主题，组织动员广大师生党员走进学校、社区、乡村开展法律咨询宣传活动，进一步营造尊崇宪法、学习宪法、弘扬宪法精神的良好氛围。

五、工作要求

（一）加强组织领导。各党支部要高度重视主题党日活动的开展，精心组织。党支部书记要切实履行好第一责任人职责，扎实有效开展各项活动，切实提高主题党日活动的质量与效果。

（二）党员积极参与。每名党员都必须积极主动地参加每一次主题党日活动，无特殊情况均应按时参加活动，如因事因病不能参加的，经党支部批准，严格履行请假手续。

（三）规范活动资料。要建立"支部主题党日"资料档案，做好活动记录和图片收集工作，及时撰写党建活动信息。切实做到活动前有方案，活动中有记录和图片、有学习笔记、有考勤记录，活动后有信息报送。

（四）加强督查。"支部主题党日"开展情况将纳入各支部书记落实全面从严治党责任述职评议考核中，学院党委将对活动开展情况不定期随机抽查，对不严格执行规定，敷衍应付、流于形式的，视情节轻重，严肃追究有关支部及其支部书记的责任。

中共××学院委员会

2018年3月22日

示例二：

关于填报《干部人事档案专项审核工作进展情况调查表》的通知

各市、县（区）党委组织部，区党委各部委、区直各厅局委办干部（人事）处，各人民团体、直属事业单位组织部（人事处），各大中型企业党委组织部（办公室）：

为贯彻落实××干部人事档案专项审核工作会议精神，掌握各单位专项审核工作进度，便于对第一批审核单位进行督导和检查，现下发《干部人事档案专项审核工作进展情况调查表》（见附件2），请各单位于×年1月5日前报自治区党委组织部档案信息管理处。

一、填报范围

所有纳入审核范围的单位，其中，区直单位下属和垂管单位由区直单位汇总后上报（见附件1）。

二、填报要求

1. 请各单位按照《干部人事档案专项审核工作进展情况调查表》的项目认真统计，规范填写。

2. 《干部人事档案专项审核工作进展情况调查表》可通过组织工作网下载。

3. ×年2月至3月，每月填报一次《干部人事档案专项审核工作情况调查表》（见附件3），于每月5日前上报。

联系人：邵××

联系电话：××××

附件：

1. 单位填报名单

2. 《干部人事档案专项审核工作进展情况调查表》

3. 《干部人事档案专项审核工作情况调查表》

中共××党委组织部

×年12月23日

示例三：

××集团公司关于开展"从严从实抓落实
大干实干2个月"活动的通知

各子公司：

为进一步推进各项重点工作任务的落实，确保全面完成××集团公司×年工作要点，推进各项工作再上新台阶，根据国资委、××局党委工作部署，自即日起在××企业开展"从严从实抓落实　大干实干2个月"活动，现就有关事宜通知如下：

一、目标要求

以"三严三实"专题教育、"从严从实抓落实　大干实干2个月"活动为载体，深入贯彻落实××企业年初确定的改革重点、改革思路、改革措施、改革目标，认真分析研究年度目标任务内还未全面完成的工作，强抓落实、争分夺秒、勇于担当、真抓实干，确保各项工作落到实处，确保全面完成年度目标任务。

二、重点工作

（一）**全力维护企业安全生产稳定。**深化推进安全生产主体责任年活动，加大安全生产隐患排查整治力度。力争完成各公司生产车间和库房墙体易燃材料更换改造和消防设施完善配置工作。××公司、××公司要加快生产车间消防安全聚氨酯苯板材料改造工作进度，明确具体责任人，确保年内完成车间消防安全隐患整治工作。××公司、××公司、××公司尽快落实完成生产车间消防工程验收工作。各子公司要严格管理，确保不发生任何安全生产事故。

（二）**全力冲刺企业年度经济目标任务。**截至9月末，企业共实现营业总收入7805.5万元，完成年度预算82%；实现净利润539.5万元，完成年度预算110%；净资产收益率5.3%；与年初既定的目标任务还有一定距离。各子公司要加大工作力度，开源节流，压缩开支，全面清理应收账款，确保全面完成年度经济目标任务。××公司要抓好净资产收益率工作，防止年终考核一票否决。

（三）**做好生产项目优化布局调整工作。**对经济效益低、资金周转慢、订单不稳定的劳务加工项目进行全面评估，逐步退出；继续考察引进优质高效的劳务加工项目。要切实加强产品质量管理工作，挖掘精品车间生产效益，夯实企业工作基础，争取更多的政府采购支持政策。

（四）**加大企业技术改造力度，鼓励自主创新、科技创新。**各子公司尽快完成年内投资建设的生产项目，做好下一步的生产设施设备升级改造建设规划。以在企业推广劳动工具信息化管理系统应用工作为基础，大胆培育和引进"互联网＋"等新产业、新业态，推动企业创新驱动发展。

（五）做好民生民事和年度总结工作。 落实企业职工分析会制度，研究解决职工队伍中出现的新问题、新动态，梳理化解职工队伍中存在的信访隐患和矛盾，维护职工队伍稳定。开展企业文化精神宣传活动，扎实做好年度总结、表彰评选等准备工作，尽早规划制定企业下一年工作思路。

三、保障措施

（一）加强组织领导，明确责任分工。 各子公司要紧紧围绕年度目标任务，结合"三严三实"专题教育，进一步明晰制定重点工作推进表，细化落实各项工作任务和责任分工。集团公司将建立责任清单销号制度，对照"关于××集团公司×年工作要点落实责任分工的通知"（××企集通〔××〕5 号）和"关于印发×年子公司经营管理负面清单的通知"（××企集通〔××〕4 号），进行严格的责任考核和追究。

（二）强化督促检查，推动责任落实。 集团公司各业务处室要认真做好"从严从实抓落实，大干实干 60 天"活动的督导检查和协调指导工作，做好各子公司责任分工和"负面清单"完成情况的资料收集和数据统计工作，为企业年终效能目标考核提供详实依据。

（三）加大宣传力度，营造良好氛围。 各子公司要做好"从严从实抓落实，大干实干 60 天"活动宣传动员工作，在××企业报、车间宣传栏、企业综合信息以及企业文化精神宣传活动中报道各子公司好的工作措施和有效经验，积极营造企业干事创业、奋发拼搏的浓厚氛围。

××集团有限责任公司

×年 10 月 30 日

项目四 知识链接

一、通知的涵义

通知，是指用书面语言告知有关单位和人员某些特定事项的文体。一般可分为正式公文类通知和非正式公文类通知。

正式公文类通知主要用来发布法规、规章；转发上级机关、同级机关和不相隶属的机关的公文，批转下级机关的公文；要求下级机关办理某项事务等。这类通知政策性强，具有法规性和权威性，在形成时一律要编发文字号，之后要立卷归档，并且具有永久保存价值。

非正式公文类通知，又称事务性通知。特点是实用性强，时效性短，政策性弱。多是针对一些临时性的事务，只起告知和沟通的作用，不编发文号，也无须立卷归档，仅有临时保存价值。

在公文实践中，通知文种的使用频率最高，据统计通知文种约占公文流转总量的50%。国务院办公厅发布的《党政机关公文处理工作条例》对通知规定了三项作用：①批转下级机关的公文，②转发上级机关和不隶属机关的公文，③发布、传达要求下级机关办理和需要有关单位周知或者执行的事项。通知被誉为公文中的"老黄牛"，是各级党政机关、人民团体、企事业单位使用最多的公文。在公文体系中，其重要性是不言而喻的。

二、正式公文类通知的特点

1. 使用范围的广泛性。通知不受发文单位级别、性质的限制。无论国家大事或是单位内部的具体事务，都可以通知的形式发布；无论是国家最高领导机关还是基层行政单位，都可使用通知。

2. 适用范围广，不受机关性质与级别层次的限制。通知既可作下行文，也可作平行文。作下行文时，对受文对象一般会提出需要知晓、执行或办理的事项，具有指挥、指导作用。通知作平行文时，由于受文单位不是下级单位，而是平级单位或不相隶属单位，通知内容不带指挥、指导性，只能表述告知性或周知性的内容。

3. 内容单纯，行文简便。一份通知一般只用于布置或通知一项工作与事项。

4. 具有执行性。通知事项一般要求下属单位要按照通知要求办理、执行，不容商量或拖延。

三、正式公文类通知的用途

1. 传达要求有关单位需要周知的事项。包括会议通知，启用印章，机构成立、调整或撤销、合并，干部任免或岗位调整等。

2. 传达要求下级机关共同执行的事项。命令，县以上各级人民政府才能使用；决定，重大事项或工作做出安排才用；一般性事项则用通知。

3. 转发上级机关和不相隶属机关的公文。对上级机关和不相隶属的机关来文，收文机关认为其下级机关也应当遵照执行，可使用通知进行转发下去。

4. 批转下级机关公文。主管部门针对工作提出意见、措施、办法，需要不相隶属的其他部门执行或办理，把这些措施、办法报告上级机关，由上级机关批转给有关单位执行或办理。

5. 印发本机关制定的规章制度。

四、正式公文类通知的类型

1. 处理文件的通知。这类通知通常含批转、转发有关文件和发布行政规章、管理规章的通知。其中，上级机关转发下级的文件，用批转性通知；下级机关转发上级文件、同级或不相隶属的机关之间的文件，用转发性通知。

发布行政法规、规章、办法的通知属于发布性通知。根据不同情况，可分为颁发、发布、印发（公布）三种。一般来说，对比较重要的行政法规、规章、办法用颁发、发布，而对一般性的、暂行或试行的行政规章、管理规章用印发。

2. 指示性通知。即工作安排通知。这是上级机关就某些事项、某项工作，提出工作的具体原则、要求和安排，以让受文单位贯彻执行的通知。这种通知的内容，多数不宜以命令或意见行文。

3. 知照性通知。即告知有关单位或个人某些事项的通知。如设立或撤销机构、迁移办公地点、启用或更换印章、调整办公时间等事项通知。

4. 会议通知。即告知有关单位或人员参加会议的通知。

项目五　实训练习

一、填空题

1. 通知一般由标题、（　　　）、正文、落款四个部分组成。

2. 用于发布、传达要求下级机关执行和有关单位周知或者执行的事项，批转、转发公文的公文是（　　　）。

3. （　　　）是公文写作运用最多的文种，号称公文中的"轻骑兵"。

4. 印发本机关制定的规章制度（包括办法、规定、守则、细则、方案等）要用（　　　）这一文种。

5. 发布规章、转发公文、布置工作、传达事项应用（　　　）。

二、选择题

1. 某通知的标题是：《滨海市人民政策关于切实做好防汛抗台工作的通知》属于：（　　　）

　　A. 指示性通知　　　　　　　　　　　B. 处理文件的通知

　　C. 知照性通知　　　　　　　　　　　D. 事务性通知

2. "现将有关事项通知如下"属于应用文结构用语中的（　　　）。

　　A. 开头用语　　　　B. 结尾用语　　　　C. 过渡用语　　　　D. 综合用语

3. 写通知要写明制发本通知的原因、依据和目的，也就是为什么要制发本通知。这一段文字属于正文的（　　　）。

　　A. 通知事项　　　　B. 通知对象　　　　C. 通知导语　　　　D. 通知结语

4. 《××市国家税务局关于开展 2016 年度税收执法检查的通知》属于（　　　）。

　　A. 指示性通知　　　　　　　　　　　B. 批示性通知

　　C. 知照性通知　　　　　　　　　　　D. 处理文件的通知

5. 在 15 种党政机关公文中，使用频率最高的公文是（　　　）。

　　A. 公告　　　　　　B. 通知　　　　　　C. 报告　　　　　　D. 函

6. 指示性通知正文包括以下三方面内容：（　　　）。

　　A. 发文缘由　　　　B. 发文地点　　　　C. 执行事项

　　D. 发文时间　　　　E. 执行要求

7. 通知的种类有（　　　）。

　　A. 指示性通知　　　　　　　　　　　B. 事务性通知

　　C. 知照性通知　　　　　　　　　　　D. 处理文件的通知

三、判断题（对的打"√"、错的打"×"）

1. 两个以上单位发通知，标题部分一般可以省略发文单位。（　　　）

2. 除批转法规性文件外，通知的标题中一般不含书名号。（　　　）

3. 发布、批转性通知的正文由批语部分和批转件部分组成。（　　　）

4. 通知的主送机关只能有一个。（　　　）

5. 转发上级机关或不相隶属机关的公文，用"转发"。（　　　）

6. 总公司拟用通知颁发一项内部管理办法。（　　　）

7. ××市水电局将召开全市清查水库隐患工作会议，以通知行文通知各县、区水电部门提前做好工作准备。（　　　）

四、修改题

1. 请看这则例文，试分析有什么问题，如何修改？

通知

全校学生：

今天下午到大礼堂召开优秀学生表彰大会，请所有学生准时到会，按指定位置就座，任何人不得缺席。

2017 年 9 月 10 日

学生科

2. 请看下面这则通知有何问题？如果需要修改，怎么改？

关于举行校园安全知识竞赛的通知

我校决定举行一次知识竞赛，希望同学们踊跃报名参加。这次知识竞赛分为初赛和复赛，初赛达到一定水平的才可以参加复赛，复赛取得优异成绩的，将颁发一、二、三等奖的奖状。

学生处

×年×月×日

3. 会议通知有时常有布置工作的性质，有关事项、具体要求要讲得清楚明白。下面这份通知有什么问题？请修改。

×县人民政府关于召开经济工作会议的通知

各镇（乡）局（行）厂矿：

为了总结经验，加速振兴我县经济的步伐，县政府决定在本月中旬召开经济工作会议，现将有关情况通知如下：

1. 参加会议人员为各单位主管经济工作的主要负责人；

2. 参加会议人员应认真准备有关经济情况及今后的工作打算的材料，以便在会议上汇报或交流；

3. 参会人员应带齐日常生活用品及伙食费，并于 15 日 5 时到县政府报到；

4. 会议结束后，将布置今年下半年的工作安排，请及时转达。

以上通知，希遵照执行。

×县人民政府办公室

2018 年 5 月 6 日

五、写作能力提升题

1. 请根据下面的文字材料，拟写一份通知。

学校准备于 2018 年 9 月 18 日至 9 月 23 日，利用下午放学后的时间在本校实训楼一楼大厅举行"××专业展示活动"，请各班在上学期初赛基础上，每班推荐四项展示内容参加本活动。请全院高职、中职各专业同学积极参加。各班需到学校网站首页下载活动申报表，并于 2018 年 9 月 12 日前将参加活动的展示内容报学校教务处王老师。

2. 根据下面材料拟写一份会议通知。

全国市场营销协会决定于 2018 年 7 月 10 日至 16 日在广西壮族自治区南宁市召开一年一度的营销协会年会。会议通知于 6 月 28 日发出。会议的内容是研究和探讨当前营销学的有关学术问题和热点问题，全国市场营销协会的会员均可参加。会期为 7 天，7 月 9 日报到，报到和开会地点是：南宁军区空军招待所。要求：每位与会者于会前半个月交来相关的学术论文一篇。会务费自理。

3. 根据下列材料，拟写会议通知。

××省教育厅、人事厅商议决定联合召开一次全省性的大专院校毕业生就业工作会议。会议要开 3 天，从 12 月 10 日开始。参加会议的人员是省级各部门（厅、局、直属机关）人事处处长，各大专院校学生处长，各地市人事局、教育局的分管领导。会议要研究促进下一年毕业生的就业政策和办法，尽可能地实现吸纳就业。会议由教育厅主办。为确保会议不受干扰，大家商定把会议安排在市郊新建成的南河宾馆召开。

4. 根据所给材料，完成会议通知的写作。

西夏学院院长办公会研究决定于 2018 年 7 月 7 至 8 日召开学院第一届学生代表大会，讨论有关学院学生管理规章制度的修订。要求各系部的正式代表准时到会。地点在学院第二会议室。请你拟写一份会议通知。要求格式规范，内容完整。

5. 某大学为提高基层秘书人员业务水平拟举办一期秘书业务培训班，要求所属各单位各派一名专职秘书参加，请你代该校办公室拟写一份通知，要求内容具体完整，格式规范。

6. 请按照公文的格式，以学校图书馆的名义，拟写一份组织全校学生开展以"书香校园"为主题的征文比赛活动的通知。

关于召开 2017 年度颜料
行业工作会议的通知

事务性通知写作
实训答案

会议通知写作
实训答案

指示性通知写作
实训答案

实训练习答案

下　篇
应用文写作综合能力实训

任务要求：

1. 在模拟的活动、会议等工作情境中，让学生初步了解会议过程及办会程序，活动的策划、组织、实施过程，提升综合能力。

2. 结合活动的模拟实施，了解、熟悉院校、公安、司法及公司企业等单位活动会务工作中常用应用文使用及写作的情况，熟悉行业工作内容，进一步提高职业认知能力。

3. 通过分组讨论、练习，学会工作过程中常用的几类应用文的写作和要求，进一步提升应用文写作能力。

任务提示：

会议是党政机关、企事业单位和社会团体开展工作的一个重要方式。无论会议的规模大小、级别高低、时间长短，要想取得圆满成功，都离不开一些会议常用的应用文，诸如会前拟写的会议通知、会议议程和会议日程，为领导拟写的欢迎词和答谢词；会中所做的会议记录；会后所写的信息简报，所提的意见和建议等。因此，掌握会议常用应用文的写作，对确保会议的顺利进行和提高会议的成效将起到十分重要的作用。

模块一　院校工作应用文综合实训案例

项目一　主题班会活动应用文综合实训

任务情境

开学了，青山警官学院某班级出现了一系列不良现象：部分学生生活学习纪律散漫，顶撞老师、家长，甚至部分同学对亲情较为麻木，认为老师和父母为自己所做的一切都是理所应当的。为此，班主任召集班委会，商讨解决办法。会上，班长说：这些现象的发生有一个重要原因，就是部分同学只顾自己，不懂得爱别人，心中没有父母，没有长辈，没有感恩之心。我建议班级搞一次以感恩教育为主题的活动，培养同学们的感恩意识，增强与家长之间的交流、沟通和理解。班长的提议得到了老师和班委们的一致赞同。老师决定在班里组织开展一次"感恩父母，亲情回赠"主题班会活动。请问，如果要你来策划这样一次主题班会活动，需要做哪些工作？

任务描述

要举办这样一次活动，首先要做好前期的各项准备工作。前期的准备工作包括：起草活动策划书，和班主任沟通确定后进行任务分工，然后各负责人按照分工要求和实施方案确定的内容、步骤组织同学实施，如活动前组织同学准备节目、印发请柬、购买物料、布置场地，以及起草活动中所需的倡议书等；活动结束后还需要对活动进行宣传报道、小结。

一、班长召集班委会初步商量，大家集思广益经过讨论确定的活动基本内容

1. 全体同学为家长代表朗诵诗歌《无言父母爱》。
2. 小组代表讲述自己与父母间最感人的亲情故事。
3. 全体同学在感恩卡上写下对父母的最诚挚的祝福。
4. 同学表演（歌颂亲情的舞蹈、歌曲）。
5. 班长宣读《感恩活动倡议书》。
6. 活动在全班同学合唱《感恩的心》歌声中结束。

二、根据班委会提出的活动内容，班主任对活动的各环节任务进行了分工

1. 班长负责活动整体的组织、协调工作，根据班委会建议起草活动策划书。
2. 宣传委员负责制作、发放请柬，起草主持词、《感恩活动倡议书》，并负责在活动结束后写一份简报报送学校办公室。
3. 组织委员负责在同学们中选择 4 位代表，准备讲述亲情故事，并组织同学提前练习《无言父母爱》及相关表演节目。
4. 副班长负责准备音响、感恩卡、饮料、水果，并在活动当天组织同学布置好教室。
5. 活动由王小飞、李文两位同学主持。

任务分工

请根据活动内容填写下面的任务分工卡：

1. 教师将学生进行分组，每组人数根据活动所需工作人员情况而确定。每组选出1－2名负责人，负责此次活动的策划、组织、安排。其他组员具体任务分工由负责人与学生自己商议决定。

2. 要求每位学生根据活动方案内容，查找相关资料，并根据自己模拟的角色，从内容、格式角度写出任务分析，进一步梳理自己所写应用文的内容及框架结构。

3. 对于没有学习过的文种，教师可根据情况补充相关知识。

4. 也可要求每位同学准备活动所需全部材料，在此基础上再进行具体任务分工。

青山警官学院____系____班主题班会拟写材料任务分工卡

组别	任务	任务分析
第　　组	活动策划书	
第　　组	请柬	
第　　组	倡议书	
第　　组	主持词	
第　　组	活动简报	
第　　组	会场布置	
第　　组	其他工作	

任务实施

每位学生根据分工完成自己的写作任务。

要求：①主题明确、集中；②内容正确，条理清晰；③表达清楚、准确，语言简洁明了；④格式规范、完整。

任务演练

根据青山警官学院某班召开"感恩父母，亲情回赠"主题班会的活动安排和要求，请在本班内模拟举行此次班会活动，对相关应用文的使用和写作进行交流和总结。

任务评价

学完本节内容，请教师及学生根据此次任务完成的实际情况进行评价。请在下表中选择合适的答案：

内容	评价标准	评价结果			
学生自评	认真参与课堂学习实训，积极思考问题，学习效果明显	20－16	15－11	10－6	5－0
组长评价	积极配合，踊跃参与，认真准备	10－8	7－5	4－2	1－0
教师评价	第一稿认真完成，按时上交	30－23	22－15	14－7	7－0
	修改稿格式正确、内容清晰、语言规范	40－31	30－21	20－11	10－0
总分					

项目二　毕业典礼活动应用文综合实训

任务情境

经过学院领导商议，青山警官学院决定将今年的毕业典礼定于 6 月 26 日上午 9: 30 在学校警体馆举办，由学生处主办，办公室、各系部协办。假如你是学生处工作人员，你会如何安排此项工作，并举办好这次毕业典礼？

任务描述

要保证活动圆满完成、达到预期目的，首先要充分做好活动前的准备工作。筹备工作包括与领导沟通活动的有关事宜；拟定活动筹备方案；协调安排基本会务工作，如场地、席签、茶水、音响视频、拍照等；拟写、审核活动材料等。

为了举办好"毕业典礼"，学生处组织召开了毕业典礼工作协调会，对相关工作进行了分工，并落实到了相关部门，特别是把活动所需要准备的材料落实到人，责任到人。现需你们准备活动材料，主要包括拟写活动通知、议程、邀请家长的一封信，表彰优秀毕业生、实习生的决定，学院领导讲话，教师代表、学生代表发言。开会时做好会议记录和活动结束后及时进行宣传报道等。

以下是学生处的毕业典礼的筹备方案：

青山警官学院召开学院××届毕业典礼预案

一、活动主题

毕业典礼，作为学生们学业生涯的节点，也是成长过程的节点，对外人来说，也许只是个形式，对学生自身而言，却意味深远。对每一个大学毕业生来说，它是人生的一个里程碑，既标志着大学时代的结束，也意味着一个人生新阶段的开始，不管他们是继续求学，还是就业谋生，无论选择怎样的一个未来，毕业典礼都将成为他们人生的分水岭。毕业典礼的展现过程，是从学生身份向社会人身份巨变的转折点，不仅是对毕业生学业成就的确认、肯定，也是对其所获得的新身份、新职责、新义务的赋予与确认。发挥毕业典礼的功效，可对学生全面发展，学会做人，学会感恩，提高综合素质起到一定作用。

二、活动时间、地点

拟定于 6 月 26 日（星期五）上午 9：30 在警体馆召开。

三、参加人员

1. 全体毕业生。

2. 院领导。

3. 四系一部主任、总支书记以及政治部、办公室、财务处、教务处、学生处、实训处、总务处、基础部、成培处、图书馆、团委等部门主要负责人。

4. 各系大队长、毕业班班主任、辅导员。

5. 四系一部教师代表各 5 名。

6. 四系一部毕业生家长代表。

四、活动议程

1. 全体起立，奏唱国歌。

2. 学院党委副书记×××宣读《关于表彰××届优秀毕业生、优秀实习生的决定》。

3. 颁奖仪式。

4. 毕业班学生代表发言。

5. 教师代表发言。

6. 学院党委副书记、院长×××讲话。

五、会场设备和用品的准备

准备活动所需的投影仪、音像设备、席签等，由学生处负责。

六、活动材料准备

1. 活动通知。

2. 会议议程。

3. 邀请函。

4. 表彰优秀毕业生、实习生的决定。

5. 学院领导讲话稿。

6. 教师代表发言稿。

7. 学生代表发言稿。

8. 会议记录。

9. 宣传报道。

七、活动服务工作

由学生处综合协调。

学生处

×年6月20日

任务分工

请根据活动内容填写下面的任务分工卡。

1. 教师将学生进行分组，每组人数根据活动所需工作人员情况而确定。每组选出1~2名负责人，负责此次活动的策划、组织、安排。其他组员具体任务分工由负责人与学生自己商议决定。

2. 要求每位学生根据活动筹备方案内容，查找相关资料，并根据自己模拟的角色，从内容、格式角度写出任务分析，进一步梳理自己所写应用文的内容及框架结构。

3. 对于没有学习过的文种，教师可根据情况补充相关知识。

4. 也可要求每位同学准备活动所需全部材料，在此基础上再进行具体任务分工。

青山警官学院＿＿＿届学生毕业典礼活动材料拟写任务分工卡			
组别	科室、人员	任务	任务分析
第　　组	办公室	活动通知	
第　　组	学生处	会议议程	

续表

组别	科室、人员	任务	任务分析
第　组	学生处	邀请函	
第　组	实训处	表彰决定	
第　组	学生代表	学生发言	
第　组	教师代表	教师发言	
第　组	办公室	领导讲话	
第　组	学生处	会议记录	
第　组	学生处	简报	
第　组	学生处	会场布置	
第　组		其他工作	

任务实施

每位学生根据分工完成自己的写作任务。

要求：①主题明确、集中；②内容正确，条理清晰；③表达清楚、准确，语言简洁；④格式规范、齐全。

任务演练

根据青山警官学院召开××届毕业典礼的任务安排及要求，请在班内模拟召开此次活动。每组模拟活动结束后，请对活动举办及材料运用情况进行交流和总结。

任务评价

学完本节内容，请教师及学生根据此次任务完成的实际情况进行评价。评价内容及方式可参考模块一中的项目一的任务评价。

项目三　学生管理工作座谈会应用文综合实训

任务情境

为了听取学生、辅导员、教官、系部主任对学院校风建设、校园文化活动、学生管理等方面的意见和建议，提高学院学生管理水平，青山警官学院决定召开学生管理工作座谈会。院领导把自己的想法告诉了学生处处长，让他安排此次会议。请问，如果学生处长让你来策划这次座谈会，你需要做哪些工作？

任务描述

要举办这样一次座谈会，首先要做好前期的各项准备工作。前期的准备工作包括：确定举办的时间地点，起草事务性会议通知，并通知参加人员做好座谈准备，如是否准备领导讲话稿、座谈人员发言稿，会场布置，活动结束后还需要对活动进行宣传报道。

经过协调，座谈会定于6月8日在行政楼三楼会议室举行。为了保证座谈会效果，院领导对此次会议提出以下几点要求：

一、会议主要围绕学生警务化管理工作、学风建设、学生行为养成、校园文化建设等方面进行座谈。

二、座谈时，就学院实际情况进行交流发言，重点谈存在的问题，并提出意见和建议。

三、大家积极参与交流，畅所欲言。

四、学生处做好记录，归纳整理大家意见和建议。对于建设性意见要及时采纳，提高管理水平。

任务分工

请根据实训活动内容填写下面的任务分工卡。

1. 教师将学生进行分组，每组人数根据活动所需工作人员情况而确定。每组选出1—2名负责人，负责此次活动的策划、组织、安排。其他组员具体任务分工由负责人与学生自己商议决定。

2. 要求每位学生根据任务内容和要求，查找相关资料，并根据自己模拟的角色，从内容、格式角度写出任务分析，进一步梳理自己所写应用文的内容及框架结构。

3. 对于没有学习过的文种，教师可根据情况补充相关知识。

4. 也可要求每位同学准备活动所需全部材料，在此基础上再进行具体任务分工。

青山警官学院学生管理工作座谈会拟写材料分工卡		
组别	任务	任务分析
第　　组	会议通知	

组别	任务	任务分析
第　　组	讲话稿	
第　　组	发言稿	
第　　组	主持词	
第　　组	会议记录	
第　　组	简报	
第　　组	会场布置	
第　　组	其他工作	

任务实施

每位学生根据分工完成自己的写作任务。

要求：①主题明确、集中；②内容正确，条理清晰；③表达清楚、准确，语言简洁明了；④格式规范、完整。

任务演练

根据青山警官学院学生管理工作座谈会的安排和要求，请在本班内模拟举行此次座谈会，并对相关应用文的使用和写作情况进行交流和总结。

任务评价

学完本节内容，请教师及学生根据此次任务完成的实际情况进行评价。评价内容及方式可参考模块一中的项目一的任务评价。

模块二　政法系统工作应用文综合实训案例

项目一　公安分局工作例会应用文综合实训

任务情境

青山公安分局每月召开派出所工作例会，召集辖区派出所汇报每月工作情况及下个月的工作安排。8月初，局领导安排办公室通知辖区派出所于8月3日到分局三楼会议室开会。请问假如你是办公室领导，你会如何完成这项工作？

任务描述

对于这样的日常工作会议，已经形成了会议的基本内容和程序。由办公室发微信通知分局领导及辖区派出所所长和指导员参会。会务工作从简，一般不用准备席签、会议议程等。会前，各派出所领导准备情况汇报材料一份，并在会上汇报近期工作情况。汇报结束后，分局主管领导根据实际情况对下个月的工作进行安排，××局长讲话同时提出工作要求。

现需准备会议材料，主要包括拟写会议通知（微信版），派出所工作情况汇报，分局××领导讲话，做好会议记录等。

以下是工作例会的筹备方案：

青山公安分局关于召开工作例会的预案

一、会议主题

为了及时掌握下级单位工作情况，解决近期工作问题，安排下个月工作，保证各项工作顺利进行。

二、会议时间、地点

拟定于 8 月 3 日（星期一）上午 9: 00 在分局三楼会议室召开。

三、参加人员

分局领导及辖区派出所所长和指导员参会。

四、会议议程

1. 各所长汇报 7 月份派出所工作情况。

2. 分局各主管领导安排布置下个月工作。

3. ××局长讲话。

五、会场设备和用品的准备

准备会议所需的投影仪、音像设备、茶水等，由办公室负责。

六、会议材料准备

1. 会议通知（微信）。

2. 各派出所工作情况汇报。

3. ××局长讲话。

七、会议服务工作

由办公室综合协调。

办公室

×年 7 月 28 日

任务分工

请根据会议内容填写下面的任务分工卡：

1. 教师将学生进行分组，每组人数根据会议所需工作人员情况而确定。每组选出 1 - 2 名负责人，负责此次会议的策划、组织、安排。其他组员具体任务分工由负责人与学生自己商议决定。

2. 要求每位学生根据会议筹备方案内容，查找相关资料，并根据自己模拟的角色，从内容、格式角度写出任务分析，进一步梳理自己所写应用文的内容及框架结构。

3. 对于没有学习过的文种，教师可根据情况补充相关知识。

4. 也可要求每位同学准备活动所需全部材料，在此基础上再进行具体任务分工。

青山公安分局召开工作例会会议材料拟写任务分工卡			
组别	科室、人员	任务	任务分析
第　组	办公室	会议通知	
第　组	××派出所	工作汇报	
第　组	××派出所	工作汇报	
第　组	分局领导	工作安排	
第　组	××局长	领导讲话	
第　组	办公室	会议记录	
第　组	办公室	会场布置	
第　组		其他工作	

任务实施

每位学生根据分工完成自己的写作任务。

要求：①主题明确、集中；②内容正确，条理清晰；③表达清楚、准确，语言简洁；④格式规范、齐全。

任务演练

根据青山公安分局召开工作例会的任务安排及要求，请在班内模拟召开此次会议。每组模拟会议结束后，请对会议召开及材料运用情况进行交流和总结。

任务评价

学完本节内容，请教师及学生根据此次任务完成的实际情况进行评价。评价内容及方式可参考模块一中的项目一的任务评价。

项目二　"百日行动查酒驾"活动应用文综合实训

任务情境

为进一步提升对酒后驾驶的查处打击力度，有力遏制酒后驾驶交通违法行为，预防和减少交通事故，保障道路交通安全，某省公安厅下发《关于开展"百日行动查酒驾"活动的通知》，要求交通管理局、各级交管部门认真开展此项活动。假定你是青山区交警支队的办公室工作人员，接到这份通知后需要如何去办理?

对于"百日行动查酒驾"活动的安排，首先在接到公安厅下发的通知后，要根据上级通知精神，结合单位的实际，起草本单位活动的具体实施方案。方案经领导审阅同意后，由相关部门负责具体组织实施。活动结束后，要将活动实施情况以信息简报或者情况汇报、报告或总结的形式向上级部门进行汇报。

1. 具体的流程包括：起草方案→召开动员大会→组织实施→撰写简报→进行总结上报。

2. 本次活动将使用的应用文种包括：活动方案、活动通知、领导讲话稿、会议议程、会议记录、活动简报、报告（情况汇报或者总结）等。

3. 办公室与领导沟通后，对百日行动查酒驾活动做出了安排。决定在6月19日举行"百日行动查酒驾"活动动员大会。开展查处酒驾工作的具体安排有以下几方面：

第一，将工作重点向农村阵地延伸，把管辖区域划分为11个作战区，做到乡镇全覆盖。

第二，调整警力部署，在执勤时间和方式上进行调整，压缩中午、夜间等事故多发时段的漏管环节。

第三，严防严控，采取在重点区域、重点路段设置卡点和流动巡逻相结合的办法，在全县普遍撒网，全面掀起严查酒驾、醉驾风暴。

第四，将查处重点时段定在中午12时至14时和晚上20时至24时酒后驾驶易发的时段，并在重要路段设置检查卡点，对经过卡点的车辆做到逢车必检、逢疑必测，对酒驾等违法行为发现一起、查处一起，形成高压态势。

4. 对开展这次行动，支队领导提出了具体要求：

第一，要提高认识。要充分认识此次活动在交通管理中的重要性。各部门要按照活动方案积极组织、精心实施，确保查处酒驾任务落到实处。

第二，要规范执法。民警在开展酒驾整治行动时，要规范执法流程，补充完善执勤执法装备，配齐呼气酒精检测仪、对讲机、执法记录仪等装备，正确使用查缉战术，坚持理性、平和、文明、规范执法，保障整治工作顺利进行。

第三，强化宣传，营造氛围。充分利用新闻媒体，采取随警采访、媒体曝光、报纸专刊、材料发放、展牌展示等多种形式，广泛宣传报道酒后违法驾驶造成的严重后果及危害，最大限度地为整治行动宣传造势，增强广大群众对整治行动的理解和支持。

第四，要注意留存资料，建立档案。

任务分工

请根据活动内容填写下面的任务分工卡：

1. 教师将学生进行分组，每组人数根据活动需要工作人员情况而确定。每组选出 1-2 名负责人，负责此次活动的策划、组织、安排。其他组员具体任务分工由负责人与学生自己商议决定。

2. 要求每位学生根据活动内容，查找相关资料，并根据自己模拟的角色，从内容、格式角度写出任务分析，进一步梳理自己所写应用文的内容及框架结构。

3. 对于没有学习过的文种，教师可根据情况补充相关知识。

4. 也可要求每位同学准备活动所需全部材料，在此基础上再进行具体任务分工。

青山区交警支队关于开展"百日行动查酒驾"活动拟写材料的任务分工卡		
组别	任务	任务分析
第　组	活动方案	
第　组	活动通知	
第　组	领导讲话稿	
第　组	议程	
第　组	会议记录	
第　组	活动简报	
第　组	活动报告（情况汇报）	
第　组	其他工作	

任务实施

每组学生根据分工完成的写作任务。

要求：①主题明确、集中；②内容正确，条理清晰；③表达清楚、准确，语言简洁明了；④格式规范、完整。

根据青山区交警支队活动的安排和要求，请在本班内模拟举行此次百日行动查酒驾活动动员大会，活动结束后对相关应用文的使用和写作情况进行交流和总结。

学完本节内容，请教师及学生根据此次任务完成的实际情况进行评价。评价内容及方式可参考模块一中的项目一的任务评价。

项目三　宪法日法治宣传活动应用文综合实训

为了进一步普及法律知识，增强法制观念，树立法律的权威性，某省公安厅下发《关于在公安系统开展"12·4"国家宪法日法治宣传活动的通知》，要求公安厅下属各单位、部门结合"七五"普法规划，认真开展此项活动。假定你是青山公安分局黄河路派出所的办公室的工作人员，接到这份通知该如何做？

对于这样一次活动的安排，首先接到公安厅下发的通知后，要根据上级通知精神，结合单位的实际，起草本单位开展活动的具体实施方案。方案经领导审阅同意后，由相关部门负责具体组织实施。活动结束后，要将活动实施情况以信息简报或者情况汇报或报告或总结的形式向上级部门进行汇报。

1. 具体的流程包括：起草方案→组织实施→撰写简报→进行总结上报。

2. 本次活动将使用的应用文种包括：活动方案、活动简报 、报告等。

3. 办公室经与领导沟通后，将活动主题确定为"弘扬宪法精神　建设法治中国"。决定在12月4日宪法日当天集中举行一次大规模的宣传活动。具体做法有以下几方面：

第一，动员全所民警在辖区广场、重点路段、人员集中地等处，通过悬挂横幅、电子屏打字、设置宣传咨询台、集中宣讲等形式向辖区群众进行法治宣传，重点宣传劳动就业、社会保障、医疗卫生、公共安全等相关法律法规，引导群众依照宪法和法律行使权利、履行义务，通过法律途径解决矛盾纠纷，维护合法权益，促进辖区和谐稳定。

第二，在开展线下宣传的同时，通过微博、微信、移动通信等新媒体手段提供法律咨询，宣讲宪法知识，弘扬宪法精神，为辖区群众解答法律方面的疑惑。

第三，民警走访企业、社区、学校、行政事业单位等，通过发放宣传资料，举办座谈会等形式进行宣传。

第四，在本单位开展一次全体民警向宪法宣誓活动，并集中开展一次学习、讨论、座谈活动，请资深的法律专家为所内干警解读相关新法。

4. 对开展这次活动，派出所领导提出了具体要求：

第一，要加强领导，提高认识。要充分认识法治宣传日活动在普法工作及法治建设工作中的重要作用。各部室要按照活动安排积极组织、精心实施，确保各项宣传任务的落实。

第二，要围绕主题，突出重点。紧紧围绕"弘扬宪法精神　建设法治中国"这一主题，结合本部门实际，突出重点，增强法治宣传的实效性。

第三，要广泛宣传，创新形式，丰富内容，形成声势。

第四，要注意留存资料，建立档案。

任务分工

请根据活动内容填写下面的任务分工卡。

1. 教师将学生进行分组，每组人数根据活动需要工作人员情况而确定。每组选出 1－2 名负责人，负责此次活动的策划、组织、安排。其他组员具体任务分工由负责人与学生自己商议决定。

2. 要求每位学生根据活动方案内容，查找相关资料，并根据自己模拟的角色，从内容、格式角度写出任务分析，进一步梳理自己所写应用文的内容及框架结构。

3. 对于没有学习过的文种，教师可根据情况补充相关知识。

4. 也可要求每位同学准备活动所需全部材料，在此基础上再进行具体任务分工。

青山公安分局黄河派出所关于开展"12·4"宪法日 法治宣传活动拟写材料的任务分工卡		
组别	任务	任务分析
第　　组	活动方案	

组别	任务	任务分析
第　　组	活动简报	
第　　组	活动报告	
第　　组	其他工作	

任务实施

每组学生根据分工完成写作任务。

要求：①主题明确、集中；②内容正确，条理清晰；③表达清楚、准确，语言简洁明了；④格式规范、完整。

任务演练

根据某省公安厅《关于在公安系统开展"12·4"国家宪法日法治宣传活动的通知》的要求，请在本班内模拟举行此次宣传活动，活动结束后对相关应用文的使用和写作情况进行交流和总结。

任务评价

学完本节内容，请教师及学生根据此次任务完成的实际情况进行评价。评价内容及方式可参考模块一中的项目一的任务评价。

项目四　公安局信息化建设与应用工作情况汇报会应用文综合实训

任务情境

为了推动信息化在公安局实战中的全面应用，深入实施"科技强警"战略，提高公安工作信息化建设和应用水平，推进平安、和谐、美丽青山建设，经青山市公安局研究决定，于 11 月 18 日召开信息化建设与应用情况汇报会议，要求分局主管信息化建设的领导及指挥中心主任参会，就各公安分局信息化建设与应用工作情况进行汇报。假定你是青山市公安局科技信息化处处长，接到局领导的这个指示后会如何完成这项工作？

对于信息化建设与应用情况汇报会议的安排，首先，根据领导意图，下发会议通知，随后准备会议议程、主持词、讲话稿等会议材料，安排布置会场，如会标（会议名称标志）、席签、拍照等，并与各分局（如新城区分局、东乡县分局、交通警察局等）协调落实汇报内容及形式等。其次，协调市局参会领导，安排会议记录人员，并组织召开此次会议。最后，会议结束后，及时将会议情况以信息简报的形式进行汇报宣传。

为了保证会议效果，市局领导对此次会议提出以下几点要求：

1. 会议主要围绕信息化建设与应用工作情况进行汇报，各公安分局认真分析当前信息化建设存在的不足和短板，寻找解决措施和途径。

2. 请各单位提前准备好汇报材料，并于会后将汇报材料电子版交市局科技信息化处。

3. 要求结合 PPT 汇报，汇报时间不超过 5 分钟。

任务分工

请根据会议内容填写下面的任务分工卡。

1. 教师将学生进行分组，每组人数根据会议需要工作人员情况而确定。每组选出 1－2 名负责人，负责此次会议的策划、组织、安排。其他组员具体任务分工由负责人与学生自己商议决定。

2. 要求每位学生根据会议内容，查找相关资料，并根据自己模拟的角色，从内容、格式角度写出任务分析，进一步梳理自己所写应用文的内容及框架结构。

3. 对于没有学习过的文种，教师可根据情况补充相关知识。

4. 也可要求每位同学准备会议所需全部会议材料，在此基础上再进行具体任务分工。

青山市公安局信息化建设与应用工作情况汇报会拟写材料的任务分工卡		
组别	任务	任务分析
第　组	会议通知	
第　组	会议议程	
第　组	市局领导讲话稿	

续表

组别	任务	任务分析
第　　组	各分局情况汇报	
第　　组	主持词	
第　　组	会议记录	
第　　组	会议简报	
第　　组	其他工作	

任务实施

每组学生根据分工完成的写作任务。

要求：①主题明确、集中；②内容正确，条理清晰；③表达清楚、准确，语言简洁明了；④格式规范、完整。

任务演练

根据青山市公安局信息化建设与应用工作情况汇报会的安排和要求，请在本班内模拟举行此次会议，会议结束后对相关应用文的使用和写作情况进行交流和总结。

任务评价

学完本节内容，请教师及学生根据此次任务完成的实际情况进行评价。评价内容及方式可参考模块一中的项目一的任务评价。

项目五　公安局网络安全工作汇报会应用文综合实训

任务情境

为了推动网络安全工作又好又快地发展，进一步建设网络安全工作体系，提高公安网络安全工作水平，经青山市公安局研究，决定于 12 月 20 日召开网络安全工作汇报会，要求各分局主管网络安全的领导及网络安全保卫大队队长参会，就各公安分局网络安全保卫工作情况进行汇报。假定你是青山市公安局网络安全保卫支队队长，接到局领导的这个指示后会如何完成这项工作？

任务描述

对于网络安全工作情况汇报会议的安排，首先，根据领导意图，下发会议通知，随后准备会议议程、主持词、讲话稿等会议材料，安排布置会场，如会标（会议名称标志）、席签、拍照等，并与各分局（如新城区分局、东乡县分局、交通警察局等）协调汇报内容及形式等。其次，协调市局参会领导，安排会议记录人员，并组织召开此次会议。最后，会议结束后，及时将会议情况以信息简报的形式进行汇报宣传。

为了保证会议效果，市局领导对此次会议提出以下几点要求：

一、会议主要围绕网络安全工作情况进行汇报，各公安分局认真分析当前网络安全工作存在的不足和短板，寻找解决措施和途径。

二、请各单位提前准备好汇报材料，并于会后将汇报材料电子版交市局网络安全保卫支队。

三、要求结合PPT汇报，汇报时间不超过5分钟。

任务分工

请根据会议内容填写下面的任务分工卡。

1. 教师将学生进行分组，每组人数根据会议需要工作人员情况而确定。每组选出1-2名负责人，负责此次会议的策划、组织、安排。其他组员具体任务分工由负责人与学生自己商议决定。

2. 要求每位学生根据会议内容，查找相关资料，并根据自己模拟的角色，从内容、格式角度写出任务分析，进一步梳理自己所写应用文的内容及框架结构。

3. 对于没有学习过的文种，教师可根据情况补充相关知识。

4. 也可要求每位同学准备会议所需全部会议材料，在此基础上再进行具体任务分工。

青山市公安局网络安全工作汇报会拟写材料的任务分工卡		
组别	任务	任务分析
第　组	会议通知	
第　组	会议议程	
第　组	市局领导讲话稿	

续表

组别	任务	任务分析
第　　组	各分局情况汇报	
第　　组	主持词	
第　　组	会议记录	
第　　组	会议简报	
第　　组	其他工作	

任务实施

每组学生根据分工完成的写作任务。

要求：①主题明确、集中；②内容正确，条理清晰；③表达清楚、准确，语言简洁明了；④格式规范、完整。

任务演练

根据青山市公安局网络安全工作汇报会的安排和要求，请在本班内模拟举行此次会议，会议结束后对相关应用文的使用和写作情况进行交流和总结。

任务评价

学完本节内容，请教师及学生根据此次任务完成的实际情况进行评价。评价内容及方式可参考模块一中的项目一的任务评价。

项目六　监狱工作暨党风廉政建设工作会议 应用文综合实训

任务情境

新的一年已到来，为了总结去年工作，安排部署新一年的工作，青山女子监狱党委会议研究决定，召开年度监狱工作会议，同时召开党风廉政建设工作会议。此会议由办公室主办，其他各部门协办。假如你是办公室工作人员，你会如何主办完成这项会议工作？

任务描述

此次会议有两个议题要完成：一是监狱党委书记、监狱长需要在全体监狱职工面前，全面总结去年监狱工作，安排部署新一年的工作；二是党委副书记、纪委书记作党风廉政建设和反腐败工作报告。会前筹备工作包括与领导沟通会议的有关事宜；拟定会议筹备方案；协调安排基本会务工作，如场地、席签、茶水、音响视频等；拟写、审核会议材料等。

为了举办好年度监狱工作暨党风廉政建设工作会议，办公室主任对相关工作进行了分工，并落实到了部门工作人员，特别是把会议所需要准备的会议材料落实到人，责任到人。现需要准备的会议材料，主要包括拟写会议通知，会议议程，主持词，纪委书记的党风廉政建设和反腐败工作报告，监狱党委书记、监狱长的工作报告，上级领导讲话稿。开会时做好会议记录和会后及时进行宣传报道等。

以下是此次会议的筹备方案：

青山女子监狱
关于召开××年监狱工作暨党风廉政建设工作会议预案

一、会议主题

为了认真贯彻落实党的十九大精神，全国、全区政法工作会议和全区司法行政工作、全区监狱工作电视电话会议、全区监狱系统党风廉政建设工作电视电话会议精神，全面总结××年监狱工作及党风廉政建设和反腐败工作，正确分析当前的形势和任务，安排部署××年的工作。

二、会议时间、地点

拟定于×年1月10日（星期五）下午3：00在多功能会议厅召开。

三、参加人员

监狱领导、除值班带工外的全体警察。

四、会议议程

1. 全体起立，奏唱国歌。

2. 党委副书记、纪委书记×××作党风廉政建设和反腐败工作报告。

3. 党委书记、监狱长×××作工作报告。

4. 监狱局党委副书记、青山集团公司总经理×××讲话。

五、会场设备和用品的准备

准备会议所需的投影仪、音像设备、席签等，由办公室负责。

六、会议材料准备

1. 会议通知。

2. 会议议程。

3. 会议主持词。

4. ×××副书记的党风廉政建设和反腐败工作报告。

5. 党委书记、监狱长×××的工作报告。

6. 监狱局党委副书记、青山集团公司总经理×××的讲话。

7. 会议记录。

8. 宣传报道。

七、会议服务工作

由办公室综合协调。

青山监狱办公室

×年1月5日

任务分工

请根据会议内容填写下面的任务分工卡。

1. 教师将学生进行分组，每组人数根据会议所需工作人员情况而确定。每组选出1-2名负责人，负责此次会议的策划、组织、安排。其他组员具体任务分工由负责人与学生自己商议决定。

2. 要求每位学生根据会议筹备方案内容，查找相关资料，并根据自己模拟的角色，从内容、格式角度写出任务分析，进一步梳理自己所写应用文的内容及框架结构。

3. 对于没有学习过的文种，教师可根据情况补充相关知识。

4. 也可要求每位同学准备活动所需全部材料，在此基础上再进行具体任务分工。

青山女子监狱召开____年监狱工作暨党风廉政建设工作会议材料拟写任务分工卡			
组别	科室、人员	任务	任务分析
第　　组	办公室	会议通知	
第　　组	办公室	会议议程	
第　　组	办公室	主持词	
第　　组	监察室	党风廉政建设和反腐败工作报告	

组别	科室、人员	任务	任务分析
第　组	办公室	监狱长的工作报告	
第　组	监狱局办公室	上级领导讲话	
第　组	办公室	会议记录	
第　组	办公室	简报	
第　组	办公室	会场布置	
第　组		其他工作	

任务实施

每位学生根据分工完成自己的写作任务。

要求：①主题明确、集中；②内容正确，条理清晰；③表达清楚、准确，语言简洁；④格式规范、齐全。

任务演练

根据青山女子监狱召开××年监狱工作暨党风廉政建设工作会议的任务安排及要求，请在班内模拟召开此次会议。每次模拟会议结束后，请对会议召开及材料运用情况进行交流和总结。

任务评价

学完本节内容，请教师及学生根据此次任务完成的实际情况进行评价。评价内容及方式可参考模块一中的项目一的任务评价。

项目七　优秀人民警察评选表彰活动应用文综合实训

任务情境

近年来，在某省监狱系统涌现了一批成绩突出的先进集体和个人，为弘扬正气，鼓舞士气，进一步提升工作满意度，展示监狱人民警察队伍的良好形象，某省监狱管理局决定开展全省监狱系统"十大优秀人民警察"评选活动。局长将此次活动的组织评选任务交给了办公室来负责，监狱管理局办公室的小王最终接到了任务，请问，小王该如何组织这次评选活动？

任务描述

本次活动开展须经以下几个步骤完成：

首先就是和领导沟通，确定评选范围、条件、方法 →根据确定的评选办法和相关内容，草拟并发布通知 → 各部门根据通知要求层层进行推选，并将结果报至办公室 → 办公室对各部门上报的优秀名单进行汇总，交监狱管理局党委会讨论、决定→根据党委会研究结果，草拟表彰决定并召开表彰大会对评选出的"十大优秀人民警察"进行表彰 →写简报对表彰大会进行报道。

本次评选将使用的应用文种有：活动方案、活动通知、表彰决定、表彰大会议程、主持词、领导致辞、优秀人民警察代表表态发言稿、表彰大会简报。

以下是办公室小王经与领导沟通确定的评选内容：

一、评选范围

全省监狱系统在编在职的人民警察，重点评选近3年以来在各项工作中取得突出成绩的基层一线民警。

二、评选条件

1. 坚决贯彻执行党的路线、方针、政策，忠于党、忠于祖国、忠于人民、忠于法律，具有强烈的政治责任感和献身监狱事业的精神。

2. 恪尽职守，扎实工作，坚持严格、公正、规范执法和理性、平和、文明执法，圆满完成各项工作任务，做出突出贡献。

3. 不断加强思想道德修养，模范遵守纪律，秉公执法，克己奉公，清正廉洁，不徇私情，自觉抵制不正之风，无违法违纪问题。

4. 积极探索，勇于实践，在开展工作中有新思路、新办法，取得突出成绩。

5. 曾获个人三等功以上奖励。

三、评选方法和要求

评选由全省监狱系统各单位、各部门采取自下而上、层层推荐的办法，从全省5000多名在岗在编的、已授衔公安民警中推选出50名参选。评选活动将经过资格审查、初选、事迹介绍、确定人选、开会表彰等步骤。为充分听取基层民警和群众的意见，在初选阶段，办公室将在信息网开设投票平台接受全体民警投票以及收集500名社会各界代表选票。此外，此次评选活动注重评选对象的广泛性和代表性，坚持"向基层倾斜、向一线民警倾斜"的原则，深入发现和推荐一批具有先进性、代表性，尤其是那些工作创新精神强、作风扎实、成绩突出、全心全意为民服务和深受社会各界好评的民警。

四、其他相关要求

各单位务必于9月20日前将评选结果报监狱管理局办公室，9月28日下午2点30分，在监狱管理局会议室召开表彰大会，对"十大优秀人民警察"进行表彰。

任务分工

请根据活动内容填写下面的任务分工卡。

1. 教师将学生进行分组，每组人数根据活动所需工作人员情况而确定。每组选出1-2名负责人，负责此次活动的策划、组织、安排。其他组员具体任务分工由负责人与学生自己商议决定。

2. 要求每位学生根据活动方案内容，查找相关资料，并根据自己模拟的角色，从内容、格式角度写出任务分析，进一步梳理自己所写应用文的内容及框架结构。

3. 对于没有学习过的文种，教师可根据情况补充相关知识。

4. 也可要求每位同学准备活动所需全部材料，在此基础上再进行具体任务分工。

××省监狱管理局关于开展"十大优秀人民警察" 评选表彰活动拟写材料的任务分工卡		
组别	任务	任务分析
第　　组	活动方案	
第　　组	活动通知	
第　　组	表彰决定	
第　　组	大会议程	
第　　组	主持词	
第　　组	领导致辞	
第　　组	优秀警察代表发言稿	
第　　组	活动简报	
第　　组	会场布置	
第　　组	其他工作	

任务实施

每组学生根据分工完成写作任务。

要求：①主题明确、集中；②内容正确，条理清晰；③表达清楚、准确，语言简洁明了；④格式规范、完整。

任务演练

根据某省监狱管理局关于开展"十大优秀人民警察"评选表彰活动的安排和要求，请在本班内模拟举行此次表彰活动，活动结束后对相关应用文的使用和写作进行总结和交流。

任务评价

学完本节内容，请教师及学生根据此次任务完成的实际情况进行评价。评价内容及方式可参考模块一中的项目一的任务评价。

模块三　公司企业工作应用文综合实训案例

项目一　安全生产视频会议应用文综合实训

任务情境

为深刻吸取天津"8·12"特别重大事故教训，认真贯彻落实国务院全国安全生产电视电话会议、自治区紧急安全生产会议精神，青山矿业公司决定于8月17日召开安全生产视频会议，就抓好当前安全工作、在全公司开展安全生产大检查进行安排部署。

假如你是公司办公室领导，你会如何完成这项工作？

任务描述

视频会议是利用通信网络传递图像文字和声音信号的一种现代化会议方式。适用于布置重要工作、宣布重大决定、商量紧急措施等特殊紧急的情况。青山矿业公司这次视频会议在做好其他基本会务工作的基础上，还需安排专业技术人员重点做好视频会议设备的调试、检测工作，才能保证会议圆满完成。为此，办公室领导对会务进行了周密地安排布置，对相关工作进行了分工，并落实到了相关部门及个人，特别是把会议所需要准备的会议材料落实到人，责任到人。现需你们准备会议材料，主要包括拟写召开安全生产视频会议通知，开展安全生产大检查的通知，公司安全生产大检查分组安排，公司董事长在公司安全生产视频会议上的讲话稿。开会时做好会议记录和会后及时进行宣传报道等。

以下是青山矿业公司安全生产视频会议的筹备方案：

青山矿业公司召开安全生产视频会议预案

一、会议主题

为深刻吸取天津"8·12"特别重大事故教训，认真学习贯彻落实国务院全国安全生产电视电话会议、××省紧急安全生产会议精神，部署近期公司各单位安全生产工作，确保安全生产形势稳定。

二、会议时间、地点

拟定于8月17日（星期一）上午9：00在总部及各单位会议室召开。

三、参加人员

1. 公司领导。

2. 公司各基层单位负责人及相关处室人员。

3. 机关各部门负责人及工作人员。

四、会议议程

1. ×××党委副书记传达国务院全国安全生产电视电话会议及××省紧急安全生产会议精神。

2. ×××副董事长安排部署安全生产大检查工作。

3. ×××董事长讲话。

五、会场设备和用品的准备

准备会议所需的视频会议设备、席签等，由×××、×××、×××负责。

六、会议材料准备

1. 召开安全生产视频会议的通知。

2. 开展安全生产大检查的通知。

3. 会议议程。

4. 青山矿业公司安全生产大检查分组安排。

5. 公司董事长在公司安全生产视频会议上的讲话稿。

6. 会议记录。

7. 宣传报道材料。

七、会议服务工作

由办公室综合协调。

青山矿业公司办公室

×年8月14日

任务分工

请根据会议内容填写下面的任务分工卡。

1. 教师将学生进行分组，每组人数根据会议所需工作人员情况而确定。每组选出 1～2 名负责人，负责此次会议的策划、组织、安排。其他组员具体任务分工由负责人与学生自己商议决定。

2. 要求每位学生根据会议筹备方案内容，查找相关资料，并根据自己模拟的角色，从内容、格式角度写出任务分析，进一步梳理自己所写应用文的内容及框架结构。

3. 对于没有学习过的文种，教师可根据情况补充相关知识。

4. 也可要求每位同学准备活动所需全部材料，在此基础上再进行具体任务分工。

青山矿业公司召开安全生产视频会议材料拟写任务分工卡			
组别	科室、人员	任务	任务分析
第　组	办公室	召开安全生产视频会议的通知	
第　组	办公室	开展安全生产大检查的通知	
第　组	办公室	会议议程	
第　组	安全监察处	公司安全生产大检查分组安排	
第　组	办公室	公司董事长在公司安全生产视频会议上的讲话	
第　组	办公室	会议记录	
第　组	办公室	会议简报	
第　组	办公室	会场布置	
第　组		其他工作	

任务实施

每位学生根据分工完成自己的写作任务。

要求：①主题明确、集中；②内容正确，条理清晰；③表达清楚、准确，语言简洁；④格式规范、齐全。

任务演练

根据青山矿业公司召开安全生产视频会议的任务安排及要求，请在班内模拟召开此次会议。每组模拟会议结束后，请对会议召开及材料运用情况进行交流和总结。

🔘 **任务评价**

学完本节内容，请教师及学生根据此次任务完成的实际情况进行评价。评价内容及方式可参考模块一中的项目一的任务评价。

项目二　新员工入职培训活动应用文综合实训

🔘 **任务情境**

某公司新进了一批员工，为了提高新进员工的业务技能水平，使他们尽快熟悉业务，掌握岗位技能和要求，促进公司健康快速发展，经研究决定开展新员工入职培训活动。请问，如果领导将这项任务交给你，该如何组织实施？

🔘 **任务描述**

要考虑做好这项工作需要哪些步骤才能完成？

一般活动的组织开展基本可以分为三个阶段。

第一阶段——筹划部署阶段：要确定培训内容、人员范围、培训目标，时间、地点、形式等，请示上级部门及领导同意后，落实培训的老师、场地等，发布培训的通知。

第二阶段——培训实施阶段：按照培训计划或安排表，组织实施培训。

第三阶段——总结验收阶段：通过总结汇报、考试、比赛、评比等进行培训成果验收，培训成员交流培训心得，主办单位对培训工作进行总结。

根据以上分析的三个阶段的工作，本次活动将使用的应用文种包括：活动请示、活动实施方案、培训工作通知、培训日程安排表、领导讲话、活动总结、心得体会、活动简报等。

公司人事处按照领导要求，初步确定新员工入职培训时间为3天。培训地点在公司五楼会议室，培训内容分别为：举行入职典礼，邀请公司领导讲话，参观公司；邀请办公室主任为新员工介绍公司概况（公司的历史、背景、机构设置、经营理念、远景、价值观等）；邀请公司人事处负责人介绍各项绩效管理制度、考核制度等，学习《员工工作手册》和《公司章程》；邀请业务科负责人介绍公司各部门、岗位的工作职责、工作内容、要求和标准，使其熟悉工作环境和流程；安排一次拓展训练，使新员工消除陌生感，减少就职前的压力感，促进彼此的交流和沟通；举行座谈会，新入职员工交流培训心得，畅谈职业规划和就职感想，颁发结业证书。

任务分工

请根据活动内容填写下面的任务分工卡。

1. 教师将学生进行分组，每组人数根据活动需要工作人员情况而确定。每组选出 1－2 名负责人，负责此次活动的策划、组织、安排。其他组员具体任务分工由负责人与学生自己商议决定。

2. 要求每位学生根据活动方案内容，查找相关资料，并根据自己模拟的角色，从内容、格式角度写出任务分析，进一步梳理自己所写应用文的内容及框架结构。

3. 对于没有学习过的文种，教师可根据情况补充相关知识。

4. 也可要求每位同学准备活动所需全部材料，在此基础上再进行具体任务分工。

××公司关于开展新员工入职培训活动拟写材料的任务分工卡		
组别	任务	任务分析
第　　组	活动请示	
第　　组	活动方案（附在请示后）	
第　　组	活动通知	
第　　组	培训日程安排表	
第　　组	领导讲话	
第　　组	培训心得	
第　　组	活动总结	
第　　组	活动简报	
第　　组	场地布置	
第　　组	其他工作	

任务实施

每组学生根据分工完成写作任务。

要求：①主题明确、集中；②内容正确，条理清晰；③表达清楚、准确，语言简洁明了；④格式规范、完整。

任务演练

根据某公司关于开展新员工入职培训活动的安排和要求，请在本班内模拟举行此次培训活动，活动结束后对相关应用文的使用和写作进行交流和总结。

任务评价

学完本节内容，请教师及学生根据此次任务完成的实际情况进行评价。评价内容及方式可参考模块一中的项目一的任务评价。

项目三 中层干部竞聘上岗活动应用文综合实训

任务情境

为了进一步深化干部人事制度改革，形成充满活力的用人机制，进一步拓宽选人、用人渠道，激发公司全体员工的工作积极性，优化中层干部队伍结构，经长江集团总公司研究，决定在全公司通过竞争上岗的方式选拔一批中层领导干部。如果公司领导让你来组织这次竞聘上岗活动，你该从哪些地方着手准备呢？在这次活动中，需要运用到的应用文种又有哪些呢？

任务描述

按照人事工作的有关要求，一般竞争上岗将按照公开报名、资格审查、竞聘演讲、民主测评、组织考察、研究决定、任前公示、任命和试用等八个程序严格执行。

为保证这次竞争上岗工作的顺利进行，首先长江集团总公司人事部门要专门出台中层干部竞聘上岗的实施方案，明确这项工作的指导原则、竞聘上岗所需的条件、资格以及工作的实施步骤。其次，由办公室起草发布通知，竞聘者根据通知要求提出申请，公开报名参加竞聘。主办单位对竞聘者的资格进行审核，符合条件的竞聘者准备竞聘演讲稿。竞聘活动的核心环节是竞聘演讲活动当天的组织。要事先确定好评委，制订评分标准，确定主持人，开场由领导讲话。然后竞聘者按照事先抽签顺序依次进行竞聘演讲，评委打分。最终将评委打分及组织考察结果进行公示，无异议后进行任命。

根据工作的流程和环节，这项工作涉及的应用文种有：工作实施方案、通知、竞聘演讲稿、领导讲话、任命决定、活动简报等文种。

任务分工

请根据活动内容填写下面的任务分工卡。

1. 教师将学生进行分组，每组人数根据活动需要工作人员情况而确定。每组选出 1 – 2 名负责人，负责此次活动的策划、组织、安排。其他组员具体任务分工由负责人与学生自己商议决定。

2. 要求每位学生根据活动方案内容，查找相关资料，并根据自己模拟的角色，从内容、格式角度写出任务分析，进一步梳理自己所写应用文的内容及框架结构。

3. 对于没有学习过的文种，教师可根据情况补充相关知识。

4. 也可要求每位同学准备活动所需全部材料，在此基础上再进行具体任务分工。

长江集团总公司中层干部竞聘上岗工作材料拟写任务分工卡		
组别	任务	任务分析
第　　组	工作实施方案	
第　　组	通知	
第　　组	领导讲话	
第　　组	竞聘演讲稿	
第　　组	任命决定	
第　　组	活动简报	
第　　组	场地布置	
第　　组	其他工作	

任务实施

每组学生根据分工完成写作任务。

要求：①主题明确、集中；②内容正确，条理清晰；③表达清楚、准确，语言简洁明了；④格式规范、完整。

任务演练

根据长江集团总公司中层干部竞聘上岗工作的任务安排及要求，请在班内模拟开展此项活动。每组模拟结束后，请对活动组织及材料运用情况进行交流和总结。

任务评价

学完本节内容，请教师及学生根据此次任务完成的实际情况进行评价。评价内容及方式可参考模块一中的项目一的任务评价。

模块四　相关文种知识链接

文种一　会议议程

标题	会议名称＋议程
时间、地点、稿本或题注	时间：××××年×月×日星期×上午（下午）×时 地点：×××× 主持人：××× 参加人员：×××、×××、×××……
正文	会议议程： 一、×××× 二、×××× 三、×××× 四、×××× ……

　　会议议程就是把一次会议的各项议题按照一定的原则和顺序编排起来并以文书的形式确定下来。与会者通过会议议程，可以更好地了解会议所要讨论的问题，清楚会议议题的安排顺序。会议议程的结构包括：

　　1. 标题。由会议名称加上"议程"二字组成。如"××学院第×届职工代表大会第×次会议议程"。

2. 时间、地点、稿本或题注。议程可以注明会议时间、地点、主持人等，也可不注明。议程、日程如需提交预备会议审议表决，应在标题后面或者下方的括号中注明"草案"二字。议程如已获通过，则去掉"草案"二字，在标题下方注明该议程通过的日期、会议名称，并用圆括号括入。无需大会通过的议程可注明会议的起讫日期，如：（×年 5 月 5 日 – 5 月 9 日）。

3. 正文。概括地说明会议每项议题性活动的顺序，多使用无主句，用序号标注，句末一般不用标点，如：

一、宣读本次股东大会须知

二、介绍大会主席台就座人员和大会主席

……

注意事项

1. 提前与会议负责人、参加人员等沟通，确定会议议程事项。

2. 科学合理安排各议程事项的顺序和时间。在编写议程时，要按照议题的轻重缓急编排先后次序，每一个议题应预估计所需的处理时间并清楚地标示出来。

3. 会议议程初步确定后，必须经主管领导审核才可以实施。

4. 提前分发会议议程，便于与会者有充足的时间对议题进行思考。对于每一项议程，要提前通知相关负责人，做好具体准备工作。

5. 会议主持人要根据议程主持会议。

6. 议程确定后不可随意更改。会议的后勤服务、人员安排等都需要根据议程来确定。

7. 作为管理人员，召开会议前要养成准备会议议程的工作习惯。因为一旦会议欠缺议程，则会议的内容就会不确定，沟通的次序就会杂乱，沟通的节奏就会太快或太慢，一定程度上会影响会议的实效性。

示 例

青山学院×年度专题民主生活会议程

时间：×年 12 月 28 日上午 9：00—12：00

地点：学院××会议室

参加人员：×××；×××、×××、××、××

主持人：学院党委书记×××

会议内容：

一、通报学院×年度民主生活会整改意见落实情况

二、通报学院×年度民主生活会准备情况

三、学院领导班子进行对照检查并进行评议

四、学院党委班子成员及调研员进行自我剖析和对照检查，并开展批评和自我批评

发言顺序：

1. 学院党委书记×××

2. 学院党委副书记、院长×××

3. 学院党委副书记×××

4. 学院党委委员、纪委书记×××

5. 学院党委委员、副院长××

6. 学院党委委员、副院长××

7. 学院党委委员、副院长××

五、自治区××厅××讲话

六、学院党委书记×××表态发言

文种二　会议记录

文种模板

标题	单位＋会议内容＋文种			
会议组织概况	会议时间	×年×月×日×时×分		
	会议地点	×××	会议主持人	×××
	出席人	×××	列席人	×××
	缺席人（缺席原因）	×××	记录人	×××
会议内容	会议内容（记录会议议题及发言内容等）： 一、×××× 发言人1：××××			

续表

会议内容	发言人2：×××× …… 二、×××× 发言人1：×××× 发言人2：×××× …… 散会
签名	主持人：×××（签名）
	记录人：×××（签名）

写作提示

会议记录是由专门记录人员把会议的组织情况、发言内容、议定事项等如实准确地记录下来的应用文体。一般由标题、会议组织概况、会议内容、签名四部分组成。

1. 标题。由单位、会议名称和文种构成。如"××办公会议记录"。

2. 会议组织概况。主要包括会议时间、地点，会议主持人、会议列席和缺席情况等。主持人需要说明出席人员姓名、身份等。根据会议性质、规模和重要程度的不同，出席人的详略也不同；有时可以只显示身份和人数；有时需将主要人员职务、姓名一一列出，其他人员则分类列出。列席人是听取会议内容但没有表决权或选举权的人员，如有必要可以写明职务、姓名等。

3. 会议内容。包括会议议题、发言内容、会议决议等。如果有多个议题，可以在议题前分别加上序号；记录每人的发言时都要另起一行，写明发言人的姓名，然后加上冒号。写会议决议时，决议事项应分条列出，有表决的，要记录表决的方式和结果。会议结束后，另起一行，写明"散会"。

4. 签名。主持人和记录人对会议内容认真校核后，在右下方签字，以示对此负责。

注意事项

1. 记录要求绝对真。纪实性是会议记录的重要特征，因此确保真实就成了对记录稿的必然要求。记录时不能夹杂记录者的任何个人感情。

2. 记录速度要快。快速是对记录的基本要求。记录时灵活使用速录法、择要法、省略法、符号代表法等技巧。

3. 重视资料性的要求。会议记录是编写会议简报、纪要的重要资料；还可以作为原始资料编入档案长期保存，以备需要时查阅。因此需要采用专门的会议记录本，由专人负责。

示例一：

<h2 style="text-align:center">××市劳动者协会征询协会活动会议记录</h2>

时　间：×年8月12日上午8时

地　点：市××路2号市个体劳动者协会办公室

出　席：宋××（市个体劳动协会秘书长）陈××（个体劳协团委书记）王×甲（劳保旧物商店经理）王×乙（个体户）杨××（邮政街轻工市场8号摊摊主）姜××（西湖灯光夜市场21号摊主）张××（老友货架式自选商场老板）马××（个体户）

缺　席：马××（明记餐厅老板，感冒请假）苏××（靓靓发廊老板，出国旅游未归）

列　席：吕××（××日报记者）

主持人：宋××

记录员：徐××

议　题：如何组织个体劳动者活动。

会议内容：

宋××：各位女士们、先生们，大家好（有人说话："没女士"），今天请大家来，是征求大家意见，如何开展市个体劳动者协会活动，我市个体劳动者协会成立一年多了，还未开展过活动（又有一人插话："什么协会？我不知道有这个协会。"大家笑），现在请大家随便发言。

陈××：我先来介绍一下市劳动者个体协会吧。这个协会成立于去年春节期间，现有会员423人。刚才主持的宋××同志是协会的秘书长，我叫陈××，是协会的团委书记。协会的会长是宋×飞，银都大酒店的董事长，他今天太忙没能到会。在座的都是个体劳动者，有兴趣的可以自愿入会。今天要研究的是协会该搞些什么活动。我们很想把协会办好，开展受大家欢迎的活动，所以请大家来谈谈。

（会场安静。有人说："胜哥先讲，你见多识广，你不讲，我们都不敢讲。""讲吧""讲吧"。）

王×乙：讲就讲，我做个体生意，没组织太自由了，又想有个组织管管。人一年一半在外，在外时想回家，回家又闲得受不了。我爱好文艺、体育，可没有地方施展，没办法，就到舞厅穷泡，到点回家睡觉。

王×甲：我也如此，一星期到舞厅两三次，说实在的，真没啥意思。离开学校，就没参加过什么活动。今年一年，就公安局给我们开过一次会，告诉不能收赃物。听说市里有个劳协是我们的"头"，可谁都不知道它在哪。

马××：我毕业干个体6年了，6年多没处交团费，恐怕早就自动退团了吧。（众人又笑。）

王×乙：我家7口人，6个党员，就我1个"白丁"。（记者问：你想入党吗？）入党？哪入啊？没人管，完全靠自己管自己。

宋××：确实如此。目前，全市个体从业人员近17万，但个体劳动者协会只有7个工作人员。各区劳协仅是挂个牌子，干部基本都是工商人员兼任，有的连办公室都没有，党团组织关系也一直没有理顺，工商部门每年拨给劳协那点经费，仅够一年两次会的费用。

杨××：没钱可以从会费中集资。向大家说清楚，增加会费，专款专用，相信大家不会有意见。（众人又议论纷纷。）

姜××：建议除搞文体娱乐旅游茶话会这些休闲联欢会外，还搞些讲座，例如政策法律讨论。我过去在一家厂子里拣点钢铁，公安局把我收容了8个月，犯了啥法我到现在也不知道。（有人插话说，肯定犯了《婚姻法》，大家哄堂大笑。）真的，除了个《婚姻法》之外，我不知道还有什么法。我们很关心与我们有关的政策变不变。

张××：我建议搞些精彩的业务讲座。听说美国有个卡耐基，开设推销术培训班，求学的经理老板相当多。我们协会也可以请专家、有经验的行家来传授业务技术。准受欢迎。（众人："好！"）

宋××：今天的会开得很好，大家的发言十分热烈，还提了不少很好的建议。归纳起来，协会计划做如下几件事：

1. 健全协会组织，由在座各位担任各区协会分会长，回去宣传协会，发动更多个体劳动者入会，做好登记工作。

2. 9月9日重阳节搞一次协会文体活动。具体由筹办组策划。

3. 每月中旬举办一个讲座，地点在市一文化宫，凭会员证入场。

4. 明年"五四"举行卡拉 OK 大奖赛。具体由筹办组策划。

散会。

记录员：徐××

主持人：宋××

示例二：

××区干部培训中心第×次办公室会议记录

时间：2017 年 3 月 4 日 14：30 – 17：00

地点：培训大楼第×会议室

出席人：刘××（主任）、杨××（教务长）、张××（办公主任）、吴××（办公室秘书）及各培训部主要负责人。

缺席人：王××、张××（外出开会）。

主持人：刘××（主任）

记录：吴××（办公室秘书）。

一、报告

（一）杨××报告中心基本建设进展情况。（略）

（二）主持人传达区人民政府《关于压缩行政经费的通知》（以下简称《通知》）。（略）

二、讨论

我中心如何按照区人民政府《通知》的精神抓好行政经费的合理开支，切实做到既勤俭节约，又不影响正常的培训教学、科研等活动的开展。

三、决议

（一）利用两个半天时间（具体时间由各培训部自己安排，但必须安排在本周内）组织有关人员集中传达学习《通知》精神，提高认识，统一思想。

（二）各培训部负责人在认真学习的基础上，利用下周政治学习时间向群众传达、宣讲。

（三）各培训部责成有关人员根据《通知》的压缩指标，重新审查和修改本年度行政经费开支预算，并于两周内报主任办公室。

（四）各培训部必须严格控制派出参加外地会议及外出学习人员的人数，财务科更要严格把关。

（五）利用学习和贯彻《通知》精神的机会，对全中心员工普遍开展一次勤俭节约、艰苦朴素的传统教育。

散会。

主持人（签名）：刘××

记录人（签名）：吴××

文种三　申请书

文种模板

标题	申请书/××××（申请内容）申请书		
称谓	××××：		
正文	申请事项 申请理由 结束语		
落款			×××
			×年×月×日

写作提示

申请书是个人、单位或集体向上级有关部门、领导表述愿望，提出请求，要求批准或帮助解决问题的应用文体。

申请书一般由标题、称谓、正文、落款四部分组成。

一、标题

一般有三种写法：第一种是直接写文种"申请书"，或直接写为"申请"；第二种是由申请部门、事项和文种构成，如"办公室关于购置档案盒的申请"；第三种是由申请事项和文种构成，如"入党申请书""缓考申请书"等。

二、称谓

应在标题下另起一行，顶格写明接收申请书的单位名称、组织或有关领导，再加冒号。如"中职部：""尊敬的院领导："。

三、正文

1. 主体。正文要写清所申请的事项和理由。写申请事项时要开门见山，清楚明白地提出；写申请理由时要突出主要理由，抓住重点，理由要充分、肯定，条理清晰，有时需要把提交申请的原因、目的、意义以及自己对该事项的认识、决心或要求写清楚。

2. 结束语。一般情况下，需表明态度，希望自己的申请得到批准或答复，可以写"以上申请，请批准""特此申请""望批准为盼""恳请领导帮助解决""望领导批准"等祈请用语；也可以写"此致敬礼"之类表示敬意的话，还可以写表示感谢和希望的话，"请组织考验""请审查"等。

四、落款

落款包括署名和日期。在结尾下一行偏右处写上申请人姓名或申请单位名称，申请者为单位的要盖章。在署名下面另起一行，注明申请的具体日期。

注意事项

1. 申请事项要具体鲜明，理由要充分、合理，实事求是，涉及的数据要准确无误。

2. 语言要准确、简洁、得体，态度要诚恳、朴实。

3. 一事一申请。

关于购买移动硬盘的申请

派出所：

户籍室有许多重要资料经常存放在电脑上，具有一定的安全隐患，加之所内拍摄的宣传照片占用空间比较大，一般 U 盘容量有限，所以我部门特申请购买移动硬盘两个。经过对 4 种移动硬盘品牌质量、价格的咨询及对比，确定购买 Kingston 牌 40G 移动硬盘，其价格为人民币 600 元左右，购买 2 个需 1200 元左右。望领导批准。

户籍室

2018 年 9 月 20 日

文种四　决　定

文种模板

标题	××××（发文机关）关于××××的决定
主送机关	××××：
正文	为了××××（目的），根据××××（依据），经研究，决定××××（决定的事项）。 　　一、×××× 　　二、×××× 　　…… 　　（决定的具体内容分条逐项列出）
落款	××××（发文机关） ×年×月×日

写作提示

　　决定适用于对重要事项作出决策和部署、奖惩有关单位和人员、变更或者撤销下级机关不适当的决定事项。

　　决定一般由标题和主送机关、正文、落款组成。

一、标题

　　决定的标题要完整地写出发文机关、决定事由和文种三项内容。

二、主送机关

　　决定为下行文的，主送机关可为一个或者多个，需写明全称或规范的简称，也可写统称，如"各有关单位"。普发性下行文可以省略主送机关。

三、正文

　　内容通常包括两层意思：一层是说明作出决定的目的与意义；另一层是说明决定的具体事项。

　　篇幅较长的决定，正文在结构上可分为开头、主体、结尾三部分。

　　1. 开头。"开头"主要用以说明目前形势，分析或阐述作此决定的原因、目的及意义。这一部分一般用一个自然段落，用"特决定如下"或"特作如下决定"与主体部分衔接。其语言要求简洁、概括性强。

2. 主体。表达决定的具体内容。要求写得明确、具体、详尽。这一部分的表达方式常采用条文式写法将决定事项一一列举清楚。主体部分也可用简述式写法，对所决定的事项作出直接公布。

3. 结尾。在这一部分中提出希望、号召和要求。

表彰决定极少有要求执行的具体意见，它的内容比较单纯，主要是决定依据和决定事项，即使有号召或者鼓动性的结尾，也很简短。在写法上往往开门见山，直接陈述，篇段合一，语句简练、明快。

表彰的名单通常作为附件，附在文后。

四、落款

发文单位和发文时间。

1. 文种使用要正确。决定的内容要和"决定"文种相符，避免把"决定"与"命令"等公文文种相混淆，写作之前要用心体会，正确区分。

2. 原因要简短明确。决定是制约性非常强的公文，要求下级机关无条件执行。因此，行文时，对于作出决定的原因应写得简短明确，不可长篇大论，以示决定的强制性。

3. 事项要具体可行。决定既然要求下级机关无条件执行，那么决定的事项就应该写得具体明确，具有一定的可行性，以利于下级机关遵照执行。

示 例

自治区人民政府关于表彰全区公安系统模范集体和
模范人民警察的决定

各市、县（区）人民政府，自治区政府各部门、各直属机构：

党的十八大以来，在自治区党委、人民政府的坚强领导下，全区公安机关和广大公安民警认真学习贯彻党的十八大和十八届三中、四中、五中、六中全会精神，深入学习贯彻习近平总书记系列重要讲话精神和治国理政新理念新思想新战略，牢牢把握对党忠诚、服务人民、执法公正、纪律严明的总要求，围绕中心、服务大局，牢记使命、忠实履职，顽强拼搏、无私奉献，在社会治理、维护稳定、打击犯罪、服务群众等方面做了大量卓有成效的工作，涌现出一大批先进模范集体和个人，为维护社会大局稳定、促进社会公平正义、保障人民安居乐业作出了重要贡献。

为表彰先进、弘扬正气、推动工作，激励广大公安民警立足本职创先争优，更好担负起党和人民赋予的重大使命，自治区人民政府决定，授予××市公安局出入境管理局等7个集体"全区公安系统模范集体"荣誉；授予×××等10名同志"全区公安系统模范人民警察"荣誉，享受省部级劳动模范待遇。

希望受到表彰的模范集体和个人珍惜荣誉、再接再厉，充分发挥模范表率作用，不断取得新的更大成绩。全区公安机关和广大公安民警要以模范集体和个人为榜样，学习他们忠于党、忠于祖国的政治品格，学习他们英勇无畏、不怕牺牲的优秀品质，学习他们爱岗敬业、顽强拼搏的职业操守，学习他们一心为民、勇于担当的奉献精神，学习他们敢打硬仗、善打胜仗的优良作风，认真贯彻落实党中央、国务院和自治区党委、人民政府决策部署，强化"四个意识"，坚定理想信念，忠诚履职尽责，锐意开拓进取，不断开创公安工作和公安队伍建设新局面，以优异成绩迎接党的十九大胜利召开，为实现经济繁荣、民族团结、环境优美、人民富裕，与全国同步建成全面小康社会目标作出新的更大贡献！

附件：1. 全区公安系统模范集体

2. 全区公安系统模范人民警察

××自治区人民政府

2017 年 8 月 28 日

（摘自宁夏回族自治区人民政府网，http：//www. nx. gov. cn/zwgk/qzfwj/201801/t20180115_669584. html，最后访问时间：2018 年 8 月 13 日，有删改。）

文种五　报　告

 **文种模板**

标题	××××（发文机关）关于××××的（事由）报告
主送机关	××××：
正文	为了××××（根据××××、按照××××……），现将××××报告如下： 　　一、××××。

续表

正文	二、××××。 …… （报告的具体内容分条逐项列出） （结语可以省略）
落款	××××（发文机关名称） ×年×月×日

写作提示

报告适用于向上级机关汇报工作、反映情况，回复上级机关的询问。

报告一般由标题、主送机关、正文、落款组成。

一、标题

报告的标题一般由"发文机关＋事由＋文种"组成。如《×××消防总队关于装备普查情况的报告》。

二、主送机关

主送机关，即发文机关的直属上级机关，报告的主送机关只有一个。受双重领导的机关向上级机关行文，应当写明抄送机关和主送机关。

三、正文

正文由报告缘由、报告事项和结语组成。

1. 报告缘由是报告正文的开头，交代报告的起因、缘由或说明报告的目的、主旨、依据等，或者对报告的事项进行概述。

例如：

公安厅政治部：

按照公安厅关于报送半年公安行政队伍建设有关工作情况的通知要求，现将我单位×年有关工作情况报告如下：

……

2. 报告事项一般有陈述基本情况（措施和结果）、归纳主要经验（成效）、说明存在的问题（教训）、提出今后的措施（意见、建议、打算、安排）等四层内容。

例如：

……现将这项工作情况报告如下：

一、撤并了一批流通领域的公司，解决了公司过多过滥的问题。

二、查处了公司违法违纪案件，整顿了公司的经营秩序。（略）

三、认真做好撤并公司的各项善后工作。（略）

四、加强了公司管理和法规、制度建设。（略）

3. 报告的结语一般用惯用语。在主体之后另起一行结尾，报告性质内容不同，结语也有所不同。

结语有"特此报告""专此报告""以上报告，请审核""以上报告，请审阅"，或"请审核""请审查""请查收""请审阅"，注意用在不同的情况。

结语可以省略。

四、落款

发文机关和日期。

1. 报告中不得夹带请示事项。上级机关对"报告"一般不作答复，如在报告中夹带请示事项，很容易误事。

2. 一般不得越级报告。遇有特殊情况，如发生重大的事故、防汛救灾等突发事件或上级领导在现场办公中特别交待的问题，可越级行文，特事特办，但要抄送被越过的上级机关。

3. 除上级机关负责人直接交办的事项外，一般不得以机关名义向上级机关负责人报送请示、意见和报告。

4. 上行文不得抄送其下级机关。

示　例

示例一：

××市商务局关于电子商务发展情况的报告

国家发展和改革委员会高技术产业司：

近年来，在市委市政府的正确领导下，我局将电子商务作为商务经济增长的突破口和着力点，紧紧围绕国家、省、市电商政策和方向，促进电子商务加速发展。现将我市电子商务发展情况报告如下。

一、发展情况

××电子商务发展起步较早，2006 年成立了电子商务协会。2011 年底，××被列为国家"创建国家电子商务示范城市"。根据 2012 年中国电子商务研究中心发布的报告显示，××列"中国电子商务城市十强"第九位，2013 年阿里研究院发布的"电商百佳城市"中排名第八。

据检索，我市约有 5 万家的主要企业及用户在阿里巴巴、环球资源网、中国制造网、敦煌网等大型电子商务平台开展业务，企业电子商务运用率达 80%。今年上半年，我市仅 B2C 交易额约 50 亿，同比增长 49%，全年预计 120 亿，占社会消费品零售总额约 11%。随着移动电商的兴起，我市的美图、美柚、云朵等企业呈现高速发展态势，如美图公司的 PC 端及移动端用户突破 7 亿，今年预计带动美图手机销售 10 亿元。

两岸海运快件业务为本地电子商务发展提供了支撑。今年初，海关总署批准厦门开展厦台海运快件业务，打通了两岸跨境电商最便捷的物流通道。近日，我市利用两岸航运定期直航航班，先行先试，完成数单海运快件、邮件试运行，通关流程测试情况良好。

二、主要工作

（一）加强组织领导。根据创建要求，成立了以分管市领导任组长的、跨部门、跨行业合作的电子商务领导小组，建立联席会议制度。出台了加快电子商务发展的指导意见，明确了各部门职责分工，要求各部门相互协调，做好服务。完成了电子商务发展规划编制工作。

（二）出台扶持政策。市财政每年安排资金，重点对网络零售、代运营、集聚区、平台、第三方支付、公共性项目六大类项目进行扶持。扶持政策对促进企业成长起到信心引导作用，如美图、名鞋库、一品威客等一批电商企业发展态势良好。

（三）推动跨境电商。设立跨境电子商务产业园区，将逐步建成集办公、物流、通关通检一体化的跨境产业园区。目前正推动跨境电子公共信息平台建设、通关通检流程设计、系统开发等工作，进一步优化创新通关服务流程，改善企业应用跨境电子商务发展对外贸易的产业环境。

（四）重视行业引导。推动协会开展各类活动，如电子商务高峰论坛、鼓浪听涛、电商技能人才培训等大型活动。推动行业协会和企业中国特色××馆和台湾馆。

三、主要问题

和兄弟城市一样，我市电子商务发展也面临一些问题：

（一）政府服务水平有待提高。电子商务是一个发展迅猛的行业，且跨度长、裂变快、衍生广，很难用传统的思维模式、传统的方式来引导管理。具体工作中，我们感到缺乏实战经验和专业知识，在管理及服务行业发展方面显得力不从心，特别是部门协调，感觉难度比较大。

（二）电子商务产业园发展滞后。××虽然电子商务企业众多，没有一个电商园区入围中国电商园区 50 强名单，电商企业分布较散，没有形成产业链，没有形成聚集效应。

（三）电子商务支撑体系有待完善。与发达城市比，我市在城市无线网络、第三方网络支付、可信交易、电子合同、电子发票、统计体系建设相对落后，电子商务人才紧缺，特别最后一公里配送问题，还没有得到较好地解决。

四、下一步工作思路

（一）抓规划。要根据国家创建要求及发展规划，理清工作思路，明确发展重点，找准实施项目，推动工业、农业、商贸、旅游等相关产业出台分类指导意见。

（二）抓环境。督促各部门根据职责分工，将电子商务列为本单位工作重点，完善管理制度，强化服务意识。同时，积极推动相关部门行政管理改革，推动相关部门的管理适应电子商务发展要求。重点推动开展可信××、电子发票试点工作，支持企业申请第三方网络支付牌照。

（三）抓政策。我市拟出台加快电子商务发展的若干措施，加大财政扶持力度，从人才、用地、用水、用电、用气、物流、工商登记、产业创新等多方面为电子商务企业发展营造良好的环境。

（四）抓园区。针对我市园区发展滞后、产业没有形成聚集效应，重点推动海沧电子商务园区建设成为国家级示范园区，并利用园区做好招商工作。

（五）抓平台。通过政策扶持和引导，注重培养本地电商平台做大做强，如美图、名鞋库、美柚等。同时，办好淘宝××馆和淘宝台湾馆，推动我市名优特商品在全国行销。

××市商务局

2014 年 9 月 30 日

（摘自中国国家发展和改革委员会高技术产业司网，http：//gjss．ndrc．gov．cn/gzdtx/201409/t20140930_685710．html，最后访问时间：2018 年 8 月 13 日。）

示例二：

××市贸易局关于百货大楼重大火灾事故的报告

省贸易厅：

　　×年6月4日凌晨2时40分，我市江南区百货大楼发生重大火灾，经过2个多小时的扑救，于5时明火全部扑灭。该大楼二层楼经营的商品以及柜台、货架、门窗等全部烧毁，直接经济损失达50万元。造成此次重大火灾的直接原因，是二楼一个体裁剪户经二楼经理同意从总闸自接线路，夜间没断电导致电线起火。

　　这次火灾的发生暴露了该大楼领导对安全管理工作极不重视，内部管理混乱，安全制度不健全，违章作业严重等问题，因而造成了惨重的经济损失，教训十分深刻。

　　火灾发生后，市政府、市贸易局十分重视，三次派人员到事故现场进行调查，并对事故进行认真处理，责令该百货大楼二楼经理刘××停职检查，个体裁剪户李××罚款×××元，并听候进一步处理。

　　今后，我们要吸取教训，切实加强对安全工作的领导，尤其加强对零售企业的安全管理，及时消除各种不安全的因素和隐患，为企业创造良好的经营环境。

××市贸易局（印章）

×年6月12日

文种六　请　示

文种模板

标题	××××（发文机关）关于××××的请示
主送机关	××××：
正文	×××××××××（请示缘由，介绍背景、理由等），现将……事项请示如下： 　　一、××××。 　　二、××××。 　　…… （请示事项的具体内容可以分条逐项列出） 当否，请批复（或"妥否，请批示"等提出行文请求的结语）。

落款	××××（发文机关名称）
	×年×月×日

写作提示

请示是下级机关向上级机关请求指示和批准的上行公文。请示由标题、主送机关、正文、落款四部分构成。

一、标题

由发文机关、事由、文种组成，如《××警官职业学院关于增设文秘专业的请示》。

拟写请示标题需注意以下事项：

1. 请示的事项一定要在标题中写清楚。

2. 只有发文机关和文种的标题欠明确。以"请示"作为公文标题的写法是错误的。

3. 标题中一般不采用"申请""请求""报告""请示报告"等词语。

二、主送机关

请示通常只能选择一个直接上级机关作为主送机关，受双重领导的机关向上请示，并根据请示的内容，主送一个负责答复的上级机关，抄送另一个需要了解情况的上级机关。

拟写请示主送机关需注意以下事项：

1. 只能主送上级单位，不能送领导者个人（领导有明确要求的除外）。

2. 逐级行文，单头请示，切忌越级和多头请示。

3. 受理、答复请示的部门，应为有隶属关系的直接上级机关。

三、正文

由请示的缘由、事项、提出行文要求（结语）构成。

1. 请示的缘由。即"为什么提出请示？"讲清缘由后常用"为此，特请示如下"或"现将……事项请示如下"等，引出请示的主体内容。如：

我处于 2001 年购买的 6 台计算机，经长期使用，已严重老化不能再继续使用，为了提高我们的工作效率，现需要……

拟写请示正文需注意以下事项：①理由要充分；②实事求是；③要有具体事例说明。

2. 请示的事项。即具体是何事，请求上级具体办什么和怎么办，都要写得具体明确，使上级机关明白，弄清要求，并给予迅速批复，这部分要求层次分明，由主到次，环环相扣。如：

……现需重新购置 8 台计算机，经市场调查，××计算机是现今市场性价比较高的型号，预算每台为 1.5 万元，共计 12 万元。鉴此，我处恳请××局协调有关部门拨款 12 万元。

若请示事项涉及的具体细节较多，则需要分条列项，细致具体地表述出来。

3. 提出行文要求（结语）。常用的请示语有："当否，请批复""特此请示，请批复""以上请示如无不妥，请批复（转）"。请示的结束语，不能省略。

请求语要态度诚恳、谦和有礼。切忌说出"以上请示，请尽快批复""请速审批""请尽快拨款，以解燃眉之急"等催促性的语言。

四、落款

落款包括发文单位名称和发文日期。

注意事项

1. 一般只向有直接隶属关系的上级领导机关请示，不越级请示。
2. 不能一文多事，要一文一事。
3. 不得抄送下级机关。
4. 语言得体。不能使用指示性语言。
5. 不滥用请示。凡在自己职权范围内经过努力能够处理和解决的问题和困难，都应尽力自行解决，不能动辄请示，矛盾上交。

××市林业局关于开展 2017 年春季义务植树活动的请示

市政府：

为进一步改善我市人居环境，建设"森林××"，充分调动全市人民义务植树的积极性，掀起全民绿化家园的活动高潮。市林业局在实地勘察之后，初步拟定了《××市 2017 年春季植树活动方案》，现将《方案》呈报，并就活动开展有关问题请示如下：

一、时间地点

建议于 2017 年 3 月 12 日开展植树活动，植树地点在××镇××村 6 队，××旅游区附近区域。

二、树种配置

树种选择注重多样性，主要选用生长较为迅速的白腊、榆树和国槐等混交栽植，共计栽植 2100 株。

三、经费预算

此次植树活动预计共花费 36.56 万元，其中苗木费用 31.75 万元，前期整地及栽植费用 4.81 万元，由市财政预算拨付。

特此请示，请予批复。

附件：《××市 2017 年春季植树活动方案》

××市林业局

2017 年 2 月 1 日

文种七　通　报

文种模板

标题	××××（发文机关）关于××××的通报
主送机关	××××：（可省略主送机关）
正文	通报的背景、原因等 通报事项 发出号召、提出要求等
落款	××××（发文机关名称） ×年×月×日

写作提示

通报是适用于表彰先进、批评错误、传达重要精神和告知重要情况的公文。

通报的运用范围很广，各级机关、企事业单位和团体都会经常使用。通报的主要作用是表彰先进个人或先进单位，批评典型人物或单位的错误行为、不良倾向、丑恶现象和违章事故等，告知所属单位和个人工作中出现的重要情况，使其了解情况，获得启发教育，或者吸取经验教训，推动工作的进一步开展。

通报一般由标题、主送机关、正文、落款四部分构成。

一、标题

通报标题的写法最常见的是完全式标题，即由发文机关、事由和文种构成，如《××市国土资源局关于对陈××同志予以表彰的通报》；有时也可省略发文机关名称，如《关于第二届合唱节比赛结果的通报》；还有少数通报的标题是在文种前冠以发文机关名称，如《中共××市纪律检查委员会通报》。

二、主送机关

主送机关一般为直属下级机关，或需要了解该内容的不相隶属的单位。如果是单位内部正式发文，应写明主送机关；如果是某一范围内普发性的通报，可以不标注主送机关。

三、正文

通报正文一般有以下写法。

1. 表彰性（批评性）通报。内容包括说明表彰或批评的原因，写清先进事迹或错误事实的经过情况，对所叙述事实进行准确分析和中肯的评价，对表彰的先进或批评的错误作出嘉奖或惩处，针对现实的需要发出号召或提出要求。

2. 情况通报。内容包括概述被通报的相关情况，提出希望、要求或者措施等。

通报的结尾可以用"特此通报"结束，也可以自然结束。

四、落款

落款包括发文单位名称和发文日期。

注意事项

1. 材料要真实。通报的事件、事迹、情况等要真实可靠，分析评价要准确贴切，这样才能真正发挥启发、警示、教育作用。

2. 事例要典型。通报的事例要有代表性、典型性，并具有普遍的指导意义，这样才能起到教育作用。

3. 叙述要全面。通报中叙述事实要全面周详，写明事情发生的时间、地点、人物，以及事情的起因、经过、结果等。同时要注意叙述全面并不是详叙，而要以概叙为主，交代清楚相关事项。

质检总局关于2018年第1批羊绒针织衫等8种产品质量国家监督抽查情况的通报

各省、自治区、直辖市及新疆生产建设兵团质量技术监督局（市场监督管理部门）：

2017年12月至2018年2月，质检总局组织开展了2018年第1批羊绒针织衫等8种产品质量国家监督抽查，涉及日用及纺织品、电子电器、轻工产品、机械及安防等4类产品。现将抽查情况通报如下：

一、基本情况

（一）本次共抽查465家企业生产的470批次产品（不涉及出口产品），其中，衬衫、纸尿裤（片、垫）、笔记本电脑共有6批次涉嫌假冒、无CCC证书已移送相关部门处理。检验464批次产品中，428批次合格，产品抽查合格率为92.2%；检出36批次不合格，不合格产品检出率为7.8%。抽查产品中，卫生巾（含卫生护垫）和笔记本电脑2种产品全部合格；纸尿裤（片、垫）产品的不合格产品检出率低于5.0%；电能表、电热水壶、衬衫3种产品的不合格产品检出率介于5.0%至10.0%之间；羊绒针织衫和运动头盔2种产品的不合格产品检出率高于10.0%。

（二）按照抽查产品类别划分，日用及纺织品抽查了196家企业生产的196批次产品，包括羊绒针织衫、衬衫、运动头盔3种产品，不合格产品检出率为12.2%；电子电器抽查了70家企业生产的75批次产品，包括电热水壶和笔记本电脑2种产品，不合格产品检出率为6.7%；轻工产品抽查了118家企业生产的118批次产品，包括卫生巾（含卫生护垫）和纸尿裤（片、垫）2种产品，不合格产品检出率为0.8%；机械及安防产品抽查了75家企业生产的75批次电能表产品，不合格产品检出率为8%。

（三）本次抽查的主要特点。本次监督抽查工作，加大了改革力度，全面实行招标入围、抽检分离、市场买样和视频监控等多项改革举措。一是采用招标入围的方式，公开、公正、科学地遴选承检机构。二是深化"双随机"抽查工作机制，采用双随机软件，随机确定承检机构，随机确定抽查企业，对承检机构与抽查企业进行随机匹配。三是实行市场买样和生产企业抽样相结合，对羊绒针织衫、运动头盔、衬衫、笔记本电脑、纸尿裤（片、垫）、卫生巾（含卫生护垫）6 种产品采用市场买样。四是全面实施抽检分离，生产企业抽样由企业所在地质量监督部门负责实施，市场买样由不承担该产品检验任务的机构实施。五是全面实行视频可视化监控，实行远程监控抽样全过程，提供可追溯性的证据。六是继续突出抽查产业集聚区，对电热水壶、纸尿裤（片、垫）、电能表等产品集中产区的生产企业进行了重点抽查。

二、抽查结果分析

（一）羊绒针织衫。抽查了 11 个省（市）的 90 批次羊绒针织衫产品，其中 12 批次产品不合格，不合格产品检出率为 13.3%。对产品的甲醛含量、pH 值、可分解致癌芳香胺染料、耐水色牢度、耐酸汗渍色牢度、耐碱汗渍色牢度、耐干摩擦色牢度、纤维含量等 8 个项目进行了检验。不合格项目涉及甲醛含量、pH 值、耐碱汗渍色牢度、纤维含量。

（二）衬衫。抽查了 10 个省（市）的 90 批次衬衫产品，其中 2 批次产品涉嫌假冒，移送相关部门处理。8 批次产品不合格，不合格产品检出率为 9.1%。重点对产品的甲醛含量、pH 值、可分解致癌芳香胺染料、耐水色牢度、耐酸汗渍色牢度、耐碱汗渍色牢度、耐干摩擦色牢度、纤维含量等 8 个项目进行了检验。不合格项目涉及纤维含量。

......

三、跟踪抽查分析

在本次抽查的产品中，近 5 年已连续跟踪抽查 2 次以上的产品共有 7 种，占本次抽查产品类别总数的 87.5%；其中跟踪抽查 3 次以上的产品有 6 种，占本次抽查产品类别总数的 75%。

本次对 26 家上次抽查不合格的企业进行了跟踪抽查，发现有 18 家企业由于已不再生产同类产品或已停产停业等原因未抽到样品，实际抽查到 8 家企业的产品，8 家企业的产品本次抽查合格。

四、工作要求

针对本次产品质量国家监督抽查中发现的问题，各省（区、市）质量技术监督部门（市场监督管理部门）要按照《中华人民共和国产品质量法》《产品质量监督抽查管理办法》等法律法规的规定，认真做好后处理工作。

（一）对于本次抽查中产品质量不合格的生产企业，特别是连续抽查不合格的企业，要依法严肃处理。对抽查中发现产品质量不符合国家强制性标准的，应依法责令企业停止生产销售不合格产品，按照有关规定监督销毁或者作必要的技术处理。

（二）针对本次抽查中反映出的不合格产品检出率较高的产品，如羊绒针织衫、运动头盔等产品，要加大对生产企业的后续跟踪监督检查力度。

（三）将本次抽查不合格产品情况通报地方政府及相关部门，采取有力措施，督促企业依法落实产品质量安全主体责任，引导企业严格按照标准组织生产，切实维护产品质量安全。

附件：2018 年第 1 批羊绒针织衫等 8 种产品质量国家监督抽查结果（抄送单位无附件）

质检总局

2018 年 3 月 13 日

（摘自国家质量监督检验检疫总局产品质量监督司，http://cpzljds. aqsiq. gov. cn/zlgg/zxgg/201803/t20180313_514330. htm，最后访问时间：2018 年 8 月 13 日，有省略。）

请　柬	邀请函	活动策划书	倡议书
批　复	通　告	函	会议纪要

党政机关公文处理工作条例　　党政机关公文格式　　文章修改符号及其用法

参考文献

1. 艾英主编：《应用写作》，中国政法大学出版社 2010 年版。

2. 刘锡庆、吕志敏、王秋梅主编：《应用写作》，外语教学与研究出版社 2015 年版。

3. 尹军主编：《新编应用写作》，汕头大学出版社 2009 年版。

4. 朱利莎主编：《新编应用文项目化教程》，新华出版社 2014 年版。

5. 韦志国主编：《实践技能训练应用写作》，北京交通大学出版社 2010 年版。

6. 孙廷忠主编：《应用写作》，国防科技大学出版社 2010 年版。

7. 刘宏彬主编：《新编应用文写作教程》，新华出版社 2012 年版。

8. 吴永红主编：《应用文写作》，北京邮电大学出版社 2016 年版。